Vivere Meglio

Julia Elle

DISPERATA & FELICE

Diario segreto di una mamma

MONDADORI

librimondadori.it
anobii.com

Disperata & felice
di Julia Elle
Collezione Vivere Meglio

ISBN 978-88-04-68751-1

I edizione giugno 2018

DISPERATA & FELICE

Pensavo che certe cose capitassero solo a me.
E invece ero semplicemente,
infinitamente e anche un po' disperatamente,
diventata mamma.

Sei lì che fai la tua vita, hai i tuoi sogni, i tuoi obiettivi.

Hai 24 anni e una valigia piena di vestiti pronta sulla porta. Non ti sei mai fermata, non ti fermerai mai. Non vuoi farlo.

Non hai bisogno di nessuno, non ne hai mai avuto. La tua indipendenza per te è sempre stata un vanto. Poverette quelle che per sentirsi complete hanno bisogno di un fidanzato, di un uomo accanto.

Tu non dipendi da nessuno per desiderare, per conoscere la passione, per sentirti viva, perché tutto quello che è importante l'hai conquistato con i denti.

Sulla mappa hai appena messo una puntina. L'hai spinta con forza su Londra.

È lì che andrai. È lì che ricomincerai.

E, ne sei sicura, avrai tutto quello che vorrai.

O QUASI.

Ciao, mi chiamo Julia Elle e a 24 anni sapevo benissimo chi ero e cosa volevo. Poi ho incontrato lui, l'uomo della mia vita, quello che mai avrei pensato di cercare, figuriamoci di trovare.

L'amore però, lo dice anche il detto, arriva quando meno te lo aspetti. Ti travolge, ti risucchia, ti fa dimenticare la valigia sulla porta e le puntine alle pareti. I sogni no, quelli te li lascia, anzi. Li fa diventare ancora più grandi. Semplicemente li rende più concreti, perché insieme sembra tutto più facile.

Mi sono innamorata come mai avevo pensato di poter fare.

Talmente tanto che oggi di anni ne ho 29 e la valigia è ancora lì. Sopra ci sono appoggiati un vestito di Elsa e un dinosauro.

Ho pensato a lungo prima di iniziare a scrivere queste pagine. Mi sono chiesta che cosa volessi raccontare e come.

Ho la possibilità di scrivere un libro grazie ai miei tantissimi follower, ai quali sono riuscita a parlare attraverso i video che faccio ogni settimana. Video in cui racconto con ironia il prima e il dopo di una mamma, di una donna. O meglio, di tante mamme e tante donne. Di quello che eravamo prima di mettere al mondo i nostri bambini, di come tutto avesse la forma della libertà, e di quello che siamo diventate oggi tra grandi fatiche, notti insonni, capricci e lacrime. E tanta, tantissima felicità. Sì, perché, come sapete bene, fare la mamma è il mestiere più difficile del mondo, ma è anche quello che più ti riempie le giornate e soprattutto il cuore.

I miei video parlano di stereotipi e luoghi comuni, parlano anche di me, certo, ma in modo sempre filtrato. Sono pensieri messi su carta che diventano video, c'è poco spazio per la spontaneità e la verità. Avere tra le mani pagine bianche da riempire mi dà invece la possibilità di essere me stessa, di raccontare davvero chi sono, chi ero, chi vorrò essere. Qui posso parlarvi senza filtri, senza copione, concedermi uno spazio più ampio per allargare l'orizzonte. Abbiamo più di due minuti! Posso parlarvi di me, di Julia. Di quello che non ho mai avuto il coraggio di dire, di ciò che non ho mai raccontato.

Penso a tutto quello che mi è capitato, che ho guadagnato, a cui ho rinunciato. Perché i miei bambini sono la cosa più bella che mi potesse capitare. So che lo dicono tutti e può sembrare banale. Ma se di verità dobbiamo parlare, allora questa è la mia. Ho rinunciato a tanto, ho sofferto, ho anche urlato. Ma mai quanto ho riso, amato, vissuto da quando ci sono loro.

Il mio prima. Il mio dopo.

Come fossero le vite diverse di due persone che non si sono mai conosciute. E che forse non si piacerebbero neanche, se si dovessero incontrare.

Niente mi ha cambiato come mi hanno cambiato i miei bambini. Prima Chloe, poi Chris.

Nessuno mi aveva detto come sarebbe stato, e che avrei dovuto accettarlo.

Nessuno mi aveva detto un sacco di cose.
E allora adesso vorrei dirle io!

Perché è giusto che qualcuno lo dica.
Che si fa fatica. Tanta.
Ma anche che ne vale la pena. Sempre.

Volevo fare la cantante. *Sono* una cantante.

Quella sera stavo tornando a casa dopo alcuni giorni fuori Milano per lavoro. Non vedevo l'ora di rientrare nel mio appartamento, farmi una doccia caldissima, buttarmi a letto e non pensare più a nulla fino al mattino dopo. Avevo la febbre, volevo solo riposare.

In stazione mi viene a prendere un amico. Mi accompagna a casa. Apro la porta e accendo la luce, ma la luce non va. Elettricità ko. Chiamo immediatamente la compagnia elettrica: non c'è modo di risolvere prima del mattino successivo. Fa niente, penso, sto al buio, accendo le candele. Tanto voglio solo dormire. Il mio amico invece al buio non mi vuole lasciare e mi propone di accompagnarlo dal suo amico Paolo, il produttore, «dai, ti ho parlato mille volte di lui e poi dovrai pure mangiare qualcosa prima di andare a dormire». Non ha nessuna intenzione di lasciarmi lì.

Io però dal suo amico Paolo il produttore non ho nessuna intenzione di andarci. Non ho voglia di conoscere persone nuove stasera. Soprattutto questo Paolo: sono mesi che mi sento ripetere che devo conoscerlo. Che siamo uguali.

Ecco, chiariamo subito una cosa. Io non sono uguale a nessuno. IO SONO IO. E comunque in questo momento non avrei neanche la forza di presentarmi, figuriamoci conversare. Voglio solo ed esclusivamente dormire. Dico no grazie, piuttosto vado in albergo.

«Ok» dice lui. «Ti accompagno.»

Mi appoggio allo schienale e guardo Milano tra le luci della notte, le strade, corso Sempione scandito dai lampioni, l'imbocco grigio della tangenziale... Ehi, ma dove cavolo stai andando?, gli chiedo. Non è la strada che doveva fare.

«Ti sto portando da Paolo.» Lo dice come se niente fosse. Forse sa che sono troppo stanca per arrabbiarmi. O semplicemente sa che deve farci incontrare. Io so solo che non ho voglia.

Nessunissima. Ma cedo senza fare troppe storie.

Dico ok, una cena veloce ma poi vado. Ho veramente sonno.

Ingenua.

La macchina si ferma davanti a un cancello. Un tipo in tuta, cappuccio nero in testa, viene ad aprirci. E questo sarebbe il famoso Paolo, il produttore? Uno in tuta? Il mio tipo? Quello uguale a me? Mi sto già incazzando.

Entriamo in casa e ordiniamo giapponese (la cosa più comoda in zona). Mi presento con un entusiasmo pari a quello di un bambino di fronte a un piatto di broccoli. Lui, quello in tuta, mi sembra giovanissimo. Un ragazzino. E dovrebbe essere il grande produttore discografico che mi hanno decantato per mesi e mesi e mesi? Quello «BRAVISSIMO»?

Mi sembra tutto ridicolo. Perché non sono andata in albergo? Perché mi sono lasciata convincere?

Faccio sempre quello che voglio, avrei dovuto farlo anche stasera.

Tempo perso. Sonno perso.

Arriva finalmente il sushi, alla fine in effetti ho una gran fame. Iniziamo a parlare.

Paolo mi chiede: «Vuoi vedere il mio studio?».

Ok. Tanto ormai siamo qui e questa è la prima e unica buona idea della serata. Cerchiamo di sfruttare la perdita di tempo con qualcosa di utile e interessante.

Entriamo nello studio. È nel seminterrato. Non ci sono le finestre ma per il resto c'è tutto quello che ci deve essere in uno studio. Mi guardo attorno e sento già meno la stanchezza.

Paolo si siede e inizia a suonare il pianoforte.

Signore e signori... cambia tutto nel giro di un nanosecondo, che neanche la velocità della luce potrebbe essere così veloce a innamorarsi come ho fatto io.

Colpo di fulmine a scoppio ritardato. Ma che fulmine!

Cotta. Occhi a cuore. Battito accelerato. Da non capire più nulla.

No, non era la febbre. Magari fosse stata la febbre!

Era l'inizio della fine. O la fine dell'inizio. Va be', questo dipende dai giorni.

Lui suona. Io sospiro (cazzo).

Lui suona. Io sospiro (wow).

Le sue dita scivolano sui tasti neri e bianchi come se raggiungessero il loro posto predestinato e non fossero nate per altro. Io ascolto ammirata, ipnotizzata. Finisce di suonare. Sono completamente rapita.

Gli chiedo che melodia fosse, perché era MERAVIGLIOSA. Lui risponde sereno, facendo spallucce: «Questa? Non lo so, stavo improvvisando».

(Come come? Era la musica più bella del mondo. Io lo amo.)

Scopro che ha dieci anni più di me, non è un ragazzino.

Iniziamo a parlare di musica. Gli racconto del pezzo che stavo scrivendo. Lui mi chiede di cantarlo, che magari possiamo farne qualcosa. Io inizio a cantare a cappella.

Non mi imbarazzo. È il mio lavoro.

Basta un secondo esatto, due note del brano e lui suona come se avesse uno spartito davanti. Suona esattamente quello che avevo in mente ma che non ero riuscita a spiegare a nessuno. Come se mi avesse letto dentro. O semplicemente come lo sentiva lui. Che era esattamente come lo sentivo io.

Ero già su un altro pianeta.

Il mio amico – sì, quello che pensava fossimo uguali, che doveva assolutamente farci conoscere – aveva perfettamente ragione. Aveva visto tutto. Aveva capito tutto. Ed era a questo che voleva arrivare. Ci suggerisce di lavorare insieme, di provare a far diventare quel brano una vera canzone.

Ma lui risponde: «Non ho tempo».

Sento il cuore cadere in un burrone senza fondo.

Però poi aggiunge un «Ci penso, e magari qualcosa si può fare».

Il cuore si aggrappa a una corda e la speranza si accende.

Lavorare con lui in questo momento mi sembra un sogno da realizzare. L'unico.

Non so più che ore sono. È tardi. La febbre non la sento più, la realtà è che non sento niente tranne il mio battito accelerato.

Mi dice: «Fermati qui, se vuoi».

Non mi sono fermata. Avevo capito che stava per succedermi qualcosa che non volevo, che non cercavo. Non potevo permettermi di innamorarmi. Non avevo bisogno di innamorarmi.

Ero già follemente innamorata.

Eppure ci ho messo mesi ad accettare l'idea di volere così tanto qualcuno accanto a me. Sono stata distante. Ma la rete era già pronta e mi ci sono ingarbugliata lottando contro me stessa.

La canzone poi è finito che l'abbiamo fatta.

Abbiamo fatto anche due figli.

Facevo l'attrice, facevo la cantante.

Ma in quel periodo sentivo il bisogno di puntare tutto sulla discografia, anche se sia il teatro sia il cinema sembravano chiamarmi. Ho anche fatto la presentatrice in TV. E ho recitato diretta da Fausto Brizzi. La recitazione era entrata nella mia vita in modo naturale, dagli spettacoli a scuola ai casting. Le prime pubblicità, qualche ruolo da modella, le comparsate: un modo fantastico per cominciare a guadagnare qualcosa e fare il mio ingresso in un mondo affascinante, per quanto difficile. Interpretare un personaggio mi veniva naturale e allo stesso tempo mi divertiva molto.

Eppure quello che amavo di più, da sempre, era mettermi in piedi davanti a un microfono. Cantare, tirare fuori la voce, perdermi nelle note, esprimermi con la musica. Scrivere parole su un quadernino, cercare la musica tra i tasti del pianoforte.

Creare. Cantare.

Vivevo di serate nei locali, mi mantenevo così, ma non mi bastava. La puntina sull'Inghilterra l'avevo messa perché un locale "mi stava cercando", avevano bisogno di una cantante. Era un po' che volevo trasferirmi lì, c'era un filone di musica elettronica che mi faceva impazzire, avevo un contatto con un produttore. Come per tutto quello che nella vita mi aveva portato dove ero, non c'era niente di scritto o di definitivo. Ma dovevo partire, dovevo andare a vedere che opportunità c'erano. Parto e vedo. Faccio sempre in tempo a tornare. Ho sempre fatto così, ed è sempre andata bene.

Non sono partita.

Mi ha chiamata Paolo: «Vieni, possiamo lavorare al tuo disco».

Sono entrata in quello studio e il tempo si è fermato. Notte o giorno, non c'era più alcuna differenza (anche perché non c'erano finestre, quindi era dura capire che ora fosse).

Cantavo. Lui suonava. Ci fermavamo, gli facevo ascoltare una canzone che mi piaceva, lui mi faceva sentire le sue. E parlavamo di musica, per ore. Può sembrare noioso, detto così. O forse solo strano.

Ma per me, che mai nella vita avevo trovato qualcuno che parlasse davvero la mia lingua, che capisse quello che volevo dire, e quanto avevo bisogno di condividere, era il massimo. Lui era il massimo.

Non avevo più bisogno di niente. Se non di lui. In quello studio con me. A essere noi.

Eppure ero sicura di non piacergli.

Per lui era chiaramente solo lavoro. Non lasciava trasparire nessun interesse. Sempre serio, sempre professionale. Chissà quante voci erano passate da lì. Chissà in quante si erano innamorate dei suoi occhi profondi, delle sue labbra. Dio mio, non potevo pensare alle sue labbra!

Ma mi andava bene lo stesso. Ero dove volevo essere.

Anche se non gli piacevo.

Ero lì con lui.

«Mi piaci tantissimo.»

Avevamo finito il disco.

Era una sera di gennaio. Freddo glaciale fuori dalle finestre. Io strafelice, perché eravamo riusciti a trovare i suoni che cercavamo.

Mi ha guardata negli occhi.

E così, dal niente, in modo diretto e semplice, me l'ha detto.

Che gli piacevo, tantissimo.

Io? Davvero? DAVVERO?

Sempre stata una lince con gli uomini. Come li capisco io, nessuno!

Sono rimasta muta. Sguardo fisso. Fuori immobile; dentro, un mare in tempesta, anzi uno tsunami. Avevo di fronte l'uomo che mi piaceva, mi stava guardando negli occhi e mi stava dicendo con sincerità cosa provava. Non si aspettava nulla da me, ma doveva dirmelo.

Immobile. Dentro un mare.

Mi ha spiegato perché.

Al di là della mia bellezza (avrei potuto dire grazie, invece niente), al di là del mio talento (sei il primo a vederlo, invece niente), gli piaceva il mio modo di guardare le cose, di interpretare la realtà. Gli piaceva il mio modo di affrontare la professione (adesso lo bacio, invece niente).

Che ero bella me lo avevano detto in tanti. Delle mie capacità professionali invece non aveva mai parlato nessuno. E per me, allora, quel complimento valeva più di qualsiasi frase romantica.

Ero cotta. Ma restavo muta.

Alla fine ho preso fiato.

«Ok. Va bene.»

Tre parole. Dopo la sua dichiarazione io ho detto solo tre parole: OK. VA BENE.

Mi sono fatta riaccompagnare a casa. Gli ho detto ciao, ci sentiamo.

E sono scomparsa. Sparita. Puff. Non gli ho scritto. Non l'ho chiamato. Niente di niente.

Sempre a proposito di essere una lince con gli uomini...

Nelle relazioni sono sempre stata un disastro, lo ammetto.

Ne ho avute anche di lunghe, ma ho sempre deciso io come iniziare, cosa fare, dove andare. Chi baciare e quando, quanto mostrarmi, quanto darmi. E non mi sono mai lasciata andare del tutto: coinvolgimento al limite del "no, non mi ferirai", pronta a scappare al primo segnale di perdita di controllo. Ho sempre mantenuto il controllo.

Ho avuto chi mi amava troppo e io non avrei mai amato abbastanza.

Ho avuto il bravo ragazzo, quello con la carriera "solida", quello di cui mia madre ancora mi chiede notizie.

Ho avuto le storie che si vivono a mille e si dimenticano in fretta.

Ho avuto anche quello che pensavo fosse un grande amore. Ed è finita lo stesso.

Con la sensazione di essere sempre stata io a decidere cosa fare di me, di quel noi.

Questa volta invece era il contrario, e io non ero preparata.

Paolo mi ha richiamata. Avevo dimenticato delle cose in studio. «Se vuoi passa a prenderle, se no te le faccio avere.»

Sono tornata da lui. Dio, quanto mi piaceva. Ma perché ero così in panico?

Cercavo di fare l'indifferente, ma ero a mio agio come un cane quando gli metti le scarpe e non sa più come muoversi. Rilassata come un gatto dentro la doccia.

Mi dice: «Vuoi ascoltare nuova musica?».

Mi siedo sul divano dello studio.

Rigida.

E lui prova a baciarmi.

Io mi tiro indietro (sono un cavolo di cane con le scarpe).

Non sapevo come gestire la situazione ed era troppo strano per me: non avevo il controllo di niente, non ero lucida per niente. E non mi stava bene non essere padrona di me stessa, in quel momento.

Avevo bisogno di andare via per capire cosa stava succedendo.

COME NO.

Ha insistito. Ha continuato a cercare di baciarmi, trasformando quel momento imbarazzante in un gioco divertente. Come fosse uno scherzo nostro, codificato da sempre, in cui la tensione non faceva che salire.

Avrà cercato di baciarmi per due ore. Ci ho messo molto meno ad andare a letto con qualcuno in altre occasioni. Ma con lui no, era come se avessi tredici anni. Ero una ragazzina impacciata. E mi sentivo completamente, assolutamente e disperatamente... un'idiota.

A un certo punto cedo (per fortuna ho un cervello anch'io).

E lo bacio.

Addio al mondo, addio al mare, addio al cane e alle sue scarpe.

La lucidità che stavo cercando l'ho presa, accartocciata e buttata a terra, pestandoci anche i piedi sopra.

Ho perso il senso di tutto, neanche avessi avuto in corpo cinque chili di funghetti allucinogeni.

Ecco allora che cos'è l'amore.

Non sono mai più tornata a casa mia.

Le persone attorno a me iniziavano a preoccuparsi.

Non ero più io, dicevano.

«Ma che ne sapete?»

Ero decisamente me stessa, più di quanto non lo fossi mai stata.

Avevo solo un leggero, leggerissimo, bisogno di dire a tutti quanto fossi perdutamente, infinitamente e felicemente innamorata. Quindi potrei aver asciugato giusto quel paio di amiche. E mia madre, naturalmente.

Ma ero davvero convinta che nessuno al mondo avesse mai provato quello che stavo provando io. Era l'uomo perfetto. Com'è che non avevo mai capito prima di cosa avevo bisogno?

Sono felice, invincibile, sarò felice per sempre e insieme conquisteremo la discografia ma che dico italiana, MONDIALE, perché ci amiamo e ci ameremo per sempre e non esiste coppia più forte di noi in tutta la musica mai esistita!

Giusto per dare un'idea di come ero messa.

Passa un mese come fossero dieci anni, o due giorni. Non ho percezione del tempo e dello spazio. Ma a un certo punto la percezione di non avere più vestiti da indossare si fa chiara: la valigia che ho portato non basta più.

Devo decidere cosa fare di me. Tornare a casa mia non è un'opzione praticabile. Lui non vuole dormire senza di me. Io non posso dormire senza di lui.

«Vieni a vivere con me» dice.

«Ok» dico.

Semplice, no?

Chiamo mia madre. Glielo devo dire subito.

Le dico mamma, sono così innamorata, sono così felice, andiamo a vivere insieme!

Lei non si scompone minimamente. E con il suo tono monocorde mi chiede. «Dove?». Io dico a Sesto San Giovanni. «Ah, il paese degli operai.» Sottotesto: non approverò mai che tu te ne vada dal centro borghese della capitale del Nord per trasferirti in periferia, con chissà chi poi... che lavoro hai detto che fa? Le canzoncine?

Quando in alcuni momenti di lucidità mia madre mi chiede se è anaffettiva, io, sinceramente, cosa dovrei rispondere?

Non importa. Le dico tu non capisci, io sono innamorata come mai nessuno si è innamorato.

Lei mi dice: «Non durerà».
Bene, ma non benissimo.
Ma che ne sa lei? Non capisce come mi sento, non sa niente dell'amore! Solo io lo so, solo io sono così fortunata da averlo trovato!

I miei amici fanno la faccia delusa quando glielo presento.
Ma che ne sanno, pure loro?
Nessuno sa niente. Non possono capire.

Capivano benissimo.
Ogni tanto mi chiedo: ma quelli sul *Titanic*, che vedevano l'iceberg, perché non hanno cambiato strada? Ah già, l'iceberg non si vedeva... Bisognerebbe dotare di radar anche i cuori.

Organizziamo il trasloco dal mio fighissimo e centralissimo appartamento alla sua grandissima casa alle porte della metropoli che tanto amo. Dall'Arco della Pace a Sesto. Avrebbero dovuto interdirmi. Ma nessuno l'ha fatto.

Mi sono messa con Paolo il 25 febbraio. Il 4 giugno ero incinta.

Non serve un genio per capire se è stato cercato, previsto o voluto.

È capitato. Non è stato un incidente.

Chiariamo, so bene come si fanno (o non si fanno) i bambini. C'è stato un misto di incoscienza, ma soprattutto di possibilità.

Ero innamoratissima, eravamo innamoratissimi. Un bambino quasi lo desideravo. Non ci pensavo sul serio, ma non era neanche un pensiero proibito.

Cosa ci può essere di più bello che fare un figlio con l'uomo della tua vita? La prova della nostra unione, il nostro "per sempre"...

Abbiamo voluto sfidare la sorte, il destino, l'ovulazione.

Eravamo e siamo circondati di amici che ci mettono anni a fare bambini, che sono volati dall'altra parte del mondo per un consulto, che le hanno tentate tutte, o che semplicemente ci provano e ci riprovano, prima di vedere due lineette sul test: era IMPOSSIBILE che io rimanessi incinta con un unico "ma sì, vediamo che succede". Senza neanche pensarlo tra l'altro, semplicemente vivendo un momento d'amore senza preoccuparsi.

Bene, succede che faccio il test e sono incinta.

Me lo compra Paolo: uno di quelli in cui esce la scritta in stampatello, a scanso di equivoco, ché la lineetta che appare o non appare o è sbiadita non fa proprio per me.

INCINTA. A lettere chiarissime.

Ho fissato il test a lungo. Senza panico, senza paura. Si potrebbe pensare che a 24 anni una non voglia rimanere incinta. E probabilmente sarebbe normale così, ma io in quel momento ho visto solo la dimostrazione del nostro amore infinito e imbattibile. Ecco, io lo sapevo. Era destino. Dovevo avere quel bambino.

Certo, c'è stato anche lo stupore. Non tanto per la scoperta, quanto per il fatto di essere incinta e di sentirmi esattamente come prima, identica: "Ah, ma è così aspettare un bambino? Non dovrei sentirmi diversa? Non dovrei avere dei sintomi da cui potevo capirlo?" (datti due settimane, piccola Julia, e poi ne parliamo, dei sintomi).

Quindi la felicità. STAVO BENISSIMO. Se essere incinta era così, potevo farcela tranquillamente (aspetta due settimane, ripeto).

Rimango per un po' lì, da sola, nel nostro bagno.

Era pomeriggio, non so neanche perché ho fatto il test proprio quel giorno. Mi dovevano arrivare, avevo il test in casa, ho semplicemente deciso di farlo.

Paolo era in studio. Lui era convinto che il «Be', magari sono incinta» che buttavo lì ogni tanto fosse una mia fissa. «È impossibile» diceva. Ché anche lui sapeva bene come si fanno i bambini, ma era davvero convinto che non sarebbe successo per quell'unica volta. Alla fine, a ben contare, si è fertili praticamente due ore al mese. Ok, un po' di più, diciamo 24. Vuoi prendere quelle 24 ore al primo colpo? Era riuscito a convincere anche me. E aveva comprato il test proprio per togliermi ogni dubbio. «Dai, così la pianti, e smetti di pensarci.»

COME NO.

Vado in studio. Voglio dirglielo subito. Già, ma come glielo dico?

Lo raggiungo, non dico nulla. Ho un'espressione strana, ma non parlo e lui non chiede.

Gli metto il test tra le mani.

Legge il numero 3. «TRE BAMBINI?» chiede. No, rido, quelle sono le settimane. Credo sia uno solo.
Rido.
«Va be', non c'è problema. La risolviamo.»
Smetto di ridere.
Capisce di aver detto l'unica cosa che non volevo sentirmi dire. Si agita.

Per lui potevamo valutare l'opzione rewind. Ma per me no. Non pensavo neanche lontanamente alla possibilità di andare in ospedale per risolvere. Non funziona così. E poi... risolvere cosa? Non c'era proprio niente da risolvere, quello era un punto da cui non sarei comunque più tornata indietro.
Io volevo tenere il bambino, era dentro di me. Punto. Non c'era nessun'altra opzione.
Ma lui? Avevo bisogno di sapere se e quanto lo volesse. O se questo viaggio avrei dovuto iniziarlo da sola. Ero pronta a farlo. Nonostante l'amore folle, nonostante volessi stare con lui per sempre, ero pronta a rinunciare a tutto. Ormai avevo deciso: avrei tenuto il bambino, anche da sola. Me ne sarei andata a Londra, con il pancione.
«Non ti preoccupare, non sei obbligato, me la vedo io» gli ho detto. Dentro di me, la paura più grande mai provata, che lui dicesse «Ok, vai». Ma fuori lo sguardo dritto e serio, quell'orgoglio che avevo imparato a usare come maschera in ogni

situazione, quel "non ho bisogno di nessuno" che mi aveva accompagnato fin qui.

Ha detto: «Poi ne parliamo».

Quella sera lui partiva con Francesco Facchinetti e il suo gruppo. In quel periodo lavoravano e suonavano insieme. Avevano la tournée, sarebbero stati via qualche giorno.

Facchinetti, è risaputo, è un papà entusiasta. Per lui i bambini sono vita. Sono *la* vita.

Paolo in viaggio si confida con lui. Francesco si congratula, è felice della bella notizia, dice: «Vedrai che sarà una figata pazzesca». Paolo deve avergli creduto perché quando torna a casa ha un entusiasmo decisamente facchinettiano: «È una figata, lo voglio, lo teniamo. Tu da sola non vai da nessuna parte».

Mi fa scoppiare il cuore di gioia.

Mi capisce.

Dice: «Saremo felici». Dice: «Lo sono già». Mi lascio avvolgere dalle sue forti braccia.

Avremo questo bambino. Insieme. La mia Chloe.

Di colpo è tutto bellissimo e perfetto.

Finché non inizio a vomitare persino il pranzo di Natale del '94.

Le due settimane prima della nausea le ricordo come un momento meraviglioso. L'unico di quei nove mesi.

Stavo benissimo, avevo dentro di me il figlio dell'amore, come se non ci fosse altro destino per me e l'uomo della mia vita.

Dovevamo subito comunicare a tutti questa bellissima e fantastica ed enorme novità. A TUTTI.

Partiamo quindi dagli amici, quelli che dovrebbero condividere la gioia con te. Dovrebbero.

Il primo che chiamo è il mio ex fidanzato. Siamo rimasti amici, mi viene istintivo chiamarlo. Perché proprio lui non lo so (e forse avrei dovuto chiedermelo). Non l'ha presa benissimo.

Chiamo quindi la mia migliore amica. Sa tutto di me e, anche se non ha ancora conosciuto Paolo, glielo devo dire subito. «Cosa pensate di fare?» mi chiede.

Ma che domanda è? Perché non stai stappando champagne con me? Dovremmo festeggiare. Di colpo mi sento come una con le stelline in una mano, già accese, e la bottiglia di prosecco nell'altra. Solo che nessuno brinda con me. Come se fossi l'unica a voler festeggiare Capodanno, ad agosto però.

Fa niente, chiamiamo gli altri. Ma gli amici non ci capiscono. Reagiscono un po' tutti allo stesso modo, i miei e i suoi.

Fa niente. Noi siamo felici, felicissimi. Siamo una cosa sola, davvero, tanto che le telefonate, una dietro l'altra, decidiamo di farle in vivavoce. È giusto esserci insieme. Parlare insieme. Ridere insieme.

Diciamolo subito alle nostre famiglie! Anche se ancora non ci conoscono di persona e siamo solo un nome detto al telefono! Chiamiamole subito! (Eravamo davvero pieni di entusiasmo, quasi teneri.)

Cerco mio fratello in rubrica. Cominciamo da lui. Lui, che è quello che in famiglia fa sempre tutto giusto, che ha sempre successo, che all'università prende 110 e lode, e fa mille master e va all'estero ad aprire aziende e diventa un imprenditore di successo e, non bastasse, si prende persino una cattedra all'università di Valencia, l'insegnante più giovane della facoltà. Lui, che quando lo chiamo pensa sempre mi sia successo qualcosa di grave.

CHIAMIAMOLO!

«Dimmi, non ho tempo» risponde dopo il terzo squillo. Ok, sono abituata al suo entusiasmo, non preoccupiamoci, ora gli diamo la bella notizia. Devo dirti una cosa bella, dico io. «Che c'è, ti sei iscritta di nuovo all'università?» dice lui. Ma no, quello è un capitolo chiuso, ho una carriera avviata, ricordi? «Il karaoke?» Mmh... no, sono una cantante io. Comunque, la bella notizia è un'altra. Ci sei? Mi sono innamorata! «Ah, bene, e quanto durerà questo?» commenta. In vivavoce, ricordo per chi se lo fosse dimenticato. «Di dov'è?» Abita a Sesto. «Sì, ma è terrone?» aggiunge, sempre in vivavoce. Be', sì, è calabrese, ma che c'entra, anche papà era siciliano, allora sei terrone anche tu. Lui è l'uomo perfetto! «Ok, ok, e che lavoro fa questo uomo perfetto?» Il discografico. È bravo, lavora con Facchinetti. «Chi? Il capitano? *Porta in alto la mano*?» Ehm, sì, il capitano, lui. «Ok, mi hai chiamato per dirmi che ti sei innamorata di un terrone disoccupato?» No, cioè sì, ma ti devo dire un'altra cosa: sono INCINTA! «Mi prendi per il culo?» No! È una cosa bellissima, sono innamorata, siamo felici. «Sei proprio una rincoglionita. Comunque adesso non ho tempo, scusami, ne parliamo un'altra volta, ok? Ciaaao.» *Tu tu tu.*

FA NIENTE. Mio fratello è così. Ma vedrai, Paolo, che quando ti conoscerà sarà felice per noi. Chiamiamo tua sorella?

«Ciao Francesca, piacere, sono Julia.» Mi paleso subito, non si sa mai. Francesca reagisce con gioia: «Che bello, aspettate un bambino! Dai, ci conosciamo presto!».

Oh, finalmente c'è qualcuno che sa come si festeggiano le belle notizie.

Chiamiamo i suoi genitori quindi. Ma è occupato. Probabilmente, lo capirò poi, sono al telefono con Francesca che sta già spifferando tutto, dicendo quello che pensa realmente.

FA NIENTE, riproviamo dopo. Chiamiamo mia madre!

Non ricordo mia madre entusiasta per qualcosa che mi riguarda, neanche se mi impegno. È capace di rispondere al panettiere che le fa i complimenti perché ha visto sua figlia in TV con un «Io non ho la televisione a casa». Chiamiamo lei, quindi. Pieni di entusiasmo e felicità! Sì!

Mamma, ho una bellissima notizia da darti. «Oddio Julia, lo sai che quando dici così mi viene già l'ansia.» Ma no, mamma, siediti, sono felicissima. «Non prendermi in giro, eh.» Non ti sto prendendo in giro, c'è qui anche Paolo. «Ciao Paolo.» Sei seduta? Aspettiamo un bambino!

Silenzio.

«È uno scherzo?»

No mamma, non è uno scherzo, è la verità!

«Perché se è uno scherzo è di pessimo gusto. Va be', rimaniamo così, è uno scherzo finché non mi mandi via mail gli esami del sangue e quando sono sicura che non mi stai prendendo in giro ne riparliamo. Ciao.» *Tu tu tu.*

FA NIENTE, dai, mia madre è così, te ne ho parlato. Non sa condividere...

Richiamiamo i tuoi?

Richiamiamo i genitori di Paolo, che questa volta rispondono. E reagiscono con estremo stupore, da premio Oscar (comincio a capire che avevano appena messo giù con Francesca), e anche con un «che bello».

Evviva. È andata bene!

Quasi.

Paolo si accende una sigaretta, io lo guardo come quando il mio cane mi guarda mangiare, avendo smesso di fumare appena ho scoperto di essere incinta e, tempo cinque minuti, gli squilla il telefono.

Fa il grandissimo errore di mettere in vivavoce.

È sua madre.

Ho la conferma che aveva solo recitato perché sapeva che ero lì ad ascoltare. Ma ora non lo sa. E gli dice tutto quello che pensa veramente. «No, Paolo, adesso non te ne rendi conto, ma vi siete appena conosciuti, devi convincerla ad abortire, magari è la donna della tua vita e farete tanti bambini più avanti, ma la conosci da troppo poco e bla bla bla.»

Benvenuta in famiglia, Julia.

FA NIENTE. Nessuno ci capiva, ma noi eravamo FELICISSIMI.

(Poi ci sono andata in Calabria a conoscere i suoi. E sì, sarei dovuta scappare a Londra.)

Non ho rimpianti.

È ovvio che se rimani incinta a 24 anni cambia tutto il tuo futuro. Ma è anche vero che un futuro così non lo avrei mai immaginato. E, sapete, non è male per niente. Anzi, è in quello che non ci si aspetta che si nascondono le sorprese più belle. È nella quotidianità che ora trovo le uniche emozioni di cui ho bisogno.

Se me lo avessero detto prima, avrei riso, forte. Non potevo immaginarmi nei panni di una mamma, non sapevo neanche cosa volesse dire essere mamma, anche se ero sicura che lo sarei stata, e presto.

Certo, se oggi mi investisse un camion, direi di aver dovuto rinunciare a molte cose. Ma siccome non ho nessuna intenzione di attraversare la strada senza aver guardato bene a destra e a sinistra, so che nel mio futuro c'è ancora tanto da vivere. Ma sempre insieme ai miei figli.

Per la prima volta so che non sarò mai più da

sola. E per una come me, con tutto quello che ho passato, non è così male pensarlo. Viverlo.

Ho sempre immaginato una vita all'estero. Non volevo fermarmi in Italia. Ma poi, in questo futuro non previsto, ho scoperto anche un rapporto diverso con il mio paese, e qui ho trovato tantissime persone che si sono affezionate a me e mi vogliono bene. Dove altro dovrei andare?

Sorrido. Oggi mi va bene così. Per il resto ho ancora tutto il tempo del mondo.

Sono nata a Torino, ma i primi sette anni della mia vita li ho trascorsi in Irlanda.

Mio papà era un imprenditore e, come succede a tante famiglie, nel momento in cui si è dovuto spostare per lavoro lo abbiamo seguito.

Sono rientrata in Italia solo in seconda elementare. Ho cambiato scuola, è cambiato tutto. Ero "quella nuova che non sa dire la R".

Sono bilingue, ne vado fiera, e ringrazio quei primi sette anni lassù. È il passaporto migliore per girare il mondo. E il motivo per cui i miei dischi vendevano più all'estero che qui in Italia. Non ho mai fatto un disco in italiano, non volevo neanche farlo. Musicalmente mi rispecchiavo nel panorama internazionale, ero fissata, non volevo essere mainstream. Amavo la nicchia, la musica underground, mi sentivo diversa, speciale.

Mi ero costruita l'immagine di una persona indipendente. Ed ero così: non volevo dipendere da nessuno.

Sono andata via di casa a 18 anni e ho iniziato

a mantenermi da sola. Ci credevo davvero quando pensavo di non aver bisogno di nessuno. Non volevo nessuno che badasse a me e, allo stesso tempo, non avevo nessuna intenzione di badare a qualcuno io.

La libertà, uno dei miei più grandi valori.

Io, nel mondo. Senza bisogno di nient'altro. Di nessun altro.

Anche per questo è stata così dura ritrovarmi senza lavoro.

Il mondo dello spettacolo mi ha scaricata dall'oggi al domani. E a 24 anni pensare di dover rinunciare a tutti i tuoi sogni, anche al più piccolo, per un bambino nella pancia è difficile. Lo fai, ma è difficile. Che poi è difficile a qualsiasi età, e a scaricarti non è solo il mondo dello spettacolo, ma questo non potevo saperlo. Sapevo solo come mi sentivo io, e so che è stata dura. Ho sentito crollare tutto quello che avevo costruito, come quando Chloe passa accanto alla torre alta fatta con i Lego, costruita pezzetto dopo pezzetto, mattoncino dopo mattoncino, in una lunga mattinata di pioggia, e non ci pensa due volte a buttarla giù con la rapidità di un velociraptor affamato. Ecco, mi sono sentita sbranata da un velociraptor.

E hai voglia a dire andrà meglio, ce la farò. Hai

voglia a continuare a provarci da sola, accettando serate con lei attaccata a una tetta, pensando non mi volete più? Io vi dimostrerò che vi sbagliate tutti, che io posso continuare anche con lei. Guardatemi, sono in Germania e Chloe è con me. Guardatemi, io vengo lo stesso ai festival. Guardatemi, la notte posso ancora stare sveglia in studio a registrare. Io ce la farò. E voi mi guarderete.

E invece no, con lei non lo puoi fare, da sola non lo puoi fare.

In quei momenti pensi che non ci sarà più niente, dopo. È una sensazione terribile. È qualcosa che non voglio mai più provare.

Oggi non cambierei una virgola di quello che è successo poi, oggi ringrazio che mi abbiano scaricata. Perché è nel cambiamento che si trovano nuove risorse. È in ciò che non hai previsto che tiri fuori il meglio di te.

Ora lo so, e mi piacerebbe trasmettere questa serenità a ogni mamma che si trova in crisi, sicura che il futuro non possa riservarle sorprese e novità. Ci saranno eccome. E saranno bellissime.

Oggi guardo Chloe, guardo Chris: la felicità è diversa da come l'avevo immaginata. Nessun rimpianto, solo che a volte devi stare male, molto male, prima di stare bene.

Io oggi sto bene. Ma devo ringraziare di essere così testarda e tutta la mia ambizione. Mettermi davanti a una telecamera non era obbligatorio, ma era quello che dovevo fare per ritrovarmi. Il mondo dello spettacolo non mi voleva più? Il palco non mi voleva più? Fa niente, andate tutti a quel paese, lo spettacolo me lo costruisco da sola, il palco potevo immaginarmelo io.

Non potevo sapere come sarebbe andata. E forse neanche mi interessava. Avevo solo bisogno di ricominciare a essere io.

Chiariamo. Ho capito perché il mondo del lavoro mi ha scaricata. Non giustifico, rimango arrabbiata per come è cambiato tutto nel giro di un niente, ma capisco.

Ero giovane, l'immagine di me che avevo costruito non prevedeva ciucci e biberon. Le persone che mi seguivano, nei locali o sui social, volevano la ragazza che fa tardi la sera, la cantante, volevano vedere la mia libertà. Non se ne facevano nulla della mammina.

Nessuno alla mia età aveva neanche nell'anticamera del cervello l'idea di fare figli. In effetti neanche io.

Le serate nei locali pare non si possano fare con il pancione. Questo almeno secondo la mia agente. Così, tutti quelli con cui lavoravo sono spariti da un giorno all'altro, agente compresa. «Dai, partorisci e quando ti sei rimessa in forma ci risentiamo» dicevano.

Mai più sentito nessuno.

È stata una botta incredibile, ho perso ogni certezza.

Avevo lavorato per anni, con impegno, senza l'aiuto di nessuno. Ero finalmente indipendente. Mi guadagnavo da vivere da sola, grazie alle mie passioni, alle mie capacità. Ne andavo fiera. Ne sono fiera. Poi di colpo mi sono ritrovata con il vuoto attorno. Carriera finita, almeno per il momento. Tutte le persone che frequentavo, le mie amicizie, erano legate al mondo dello spettacolo: scomparse tutte.

Non sapevo più che cosa avrei fatto. Chi sarei stata, cosa sarei diventata.

Mi sentivo ancora la stessa Julia di poco tempo prima. Ero sempre io. Eppure per gli altri non esistevo più. La bambina che cresceva dentro di me aveva cambiato tutto.

La prima foto che ho postato di me incinta risale al nono mese. Credo sia indicativo di come mi sentivo. Non volevo dirlo, non volevo farlo sapere. Chi lo sapeva era scappato via: dovevo proteggermi. Non volevo che lo sapesse più nessuno.

Per un po' ho fatto finta che non fosse vero, sperando che tutto tornasse alla normalità. Mi sono rifiutata di comprare vestiti prémaman, perché io non stavo cambiando, non stava cambiando NULLA. Continuavo a ripetermelo. Ed era già cambiato tutto.

Passavo tantissimo tempo in casa, non volevo più uscire. Non dovevano vedermi. Io ero la stessa Julia che avevano conosciuto.

Perché era successo a me?

Nella mia vita prima dei figli non ricordo di essermi mai alzata al mattino. Al mattino io dormivo.

D'altronde lavoravo di sera, gli spettacoli finivano tardi. Il mattino non faceva parte della mia giornata.

Se oggi potessi andare dalla mia me incinta di Chloe, che diceva frasi come "i bambini sono come li abitui tu: se io vorrò dormire al mattino, lei dormirà al mattino" o "continuerò a fare la vita che faccio, non mi farò certo cambiare le abitudini da un neonato" o ancora "il mio bambino si abituerà ai miei ritmi", credo che mi abbraccerei. Piccola stellina, vieni qui che ti faccio una coccola. Quanta tenerezza mi fai. Adesso ascoltami bene: DORMI FINCHÉ PUOI, PERCHÉ TUTTO QUESTO SVANIRÀ!

Oggi mi alzo alle sei e cinquanta. TUTTE le mattine.

Una cosa che nessuno ti dice quando stai per fare figli è che non esiste la domenica, non esiste il Natale, non esiste la Santa Pasqua o le ancora più Sante Vacanze Estive. Non ci sarà MAI PIÙ una mattina in cui i tuoi figli non si alzeranno all'orario prescelto dal loro Santo Orologio Biologico, che nel caso dei miei figli squilla alle sei e cinquanta, per l'appunto.

Per i bambini è sempre giorno lavorativo.

Loro si svegliano. Loro TI svegliano.

Anche quando fai tardi perché "dai, non esco da sei mesi".

Anche quando è Capodanno e vanno a dormire dopo. "Dai, che se li tengo su magari si svegliano un pochino più tardi..." Illusa: SI SVEGLIANO PRIMA!

E così eccomi qui. Ad apprezzare le meraviglie di questa parte del giorno a me sconosciuta.

Ciao, mattino, io sono Julia e d'ora in poi ci vedremo PER SEMPRE.

Iniziando a vivere le prime ore del giorno ho fatto grandi scoperte.

Per esempio, il mondo è pieno di persone che vivono al mattino. Pensionati, naturalmente, tanti, ovunque, per strada, in macchina, in coda alla cassa del supermercato e in posta. Ma non solo. La natalità è in calo, dicono i dati. Eppure a fare una passeggiata per i parchetti di Seregno, dove vivo ora, non si direbbe!

Ed eccole lì, queste meravigliose creature che vagano senza meta, accompagnate solo dalle loro occhiaie a tirare le sei di sera, come fossero le quattro del mattino. Eccole lì, con il loro fuso orario di Tokyo e quella sensazione di perenne jet lag. Eccole lì, le mamme. Siamo noi.

Iniziando a vivere le prime ore del giorno mi sono fatta molte domande. Soprattutto una.

Mi sono goduta davvero quello che avevo prima? La risposta è NO. Non sapevo quanto contassero le piccole cose, i dettagli.

Cosa direi alla Julia di allora? Goditi tutto, goditi i più minuscoli dettagli.

Come svegliarsi e andare a fare la pipì subito. Ovvio che uno non ci pensa e sottovaluta la pipì del mattino. E invece dopo ci rendiamo conto di quanto è magica questa cosa, quel momento che fa parte della normalità del risveglio e che tutti considerano con noncuranza. Godiamoci i dettagli. Perché la pipì non cambierà, ti scapperà sempre e per sempre. Ma diventando mamma, prima di farla dovrai farla fare a loro, o cambiare un pannolino, a volte con la cacca, o fare subito un bel biberon di latte perché il tuo bambino ha davvero troppa, troppa fame. E già che stai passando dalla cucina, ti ritroverai a riordinare quello che non hai messo via la sera prima perché sei svenuta. Sto esagerando? Ahahah. Ci piacerebbe. Sappiamo tutte che la pipì continueremo a farla, non sto dicendo di no. Semplicemente entreremo nel guinness dei primati per quanto sapremo trattenerla.

Goditi le piccole cose, Julia. Stiracchiati nel letto, fai colazione a letto, o non farla proprio, dormi. Ecco sì, dormi e basta.

Paolo e io avevamo un modo tutto nostro di convivere.

Avevamo molte stanze a disposizione, eppure stavamo quasi sempre in studio. Ogni tanto, alla sera, stanchi per la giornata passata a provare e registrare e ascoltare, ci rifugiavamo in camera prima del tempo. Computer, una serie TV o un film. E noi.

Ho sempre guardato i film in lingua, non mi piace il doppiaggio. Lui ha iniziato a farlo con me.

Ci sdraiavamo con il computer sulle gambe, guardavamo ore di film. Potevamo andare avanti tutta la notte. E stare lì, io con la testa sulla sua spalla, una coperta e la penombra nella stanza, davanti a uno schermo illuminato, mi sembrava la cosa più romantica del mondo. Mi sembrava tutto così dannatamente perfetto. Lui rideva, io ridevo. Io ridevo, lui rideva.

Fino al giorno in cui ho riso per il messaggio di un'amica, guardando il cellulare. E ha riso anche lui. Ho smesso di ridere. Mi sono voltata e ho pensato ma dai, sicuramente faceva ridere anche il film (no, quel pezzo non faceva ridere, ma non potevo credere che avesse riso a caso, solo perché lo stavo facendo io).

Quindi ci ho riprovato. Ho riso a caso, in un pezzo inutile. E lui HA RISO. L'ho rifatto altre due volte. E lui altre due volte ha riso.

L'ho guardato sperando, PREGANDO, che ci fosse un motivo per cui stava ridendo e non che non riuscisse a seguire il film.

Ho preso fiato e gliel'ho chiesto: «Ma davvero non stai capendo niente?».

«Sì, davvero» la sua risposta serafica.

NON CAPIVA L'INGLESE. E non so dire se sia stata la rivelazione più romantica della mia vita (guarda cosa fa pur di stare con me e accontentarmi) o la più agghiacciante (ma ce la fa?).

Quello che da generazioni viene raccontato sulle donne incinte andrebbe studiato scientificamente.

Possibile che per gli altri sia sempre tutto bellissimo? È vero, ci sono blog che raccontano che proprio tutto così bello non è. Ci sono libri, siti. Qualcosa c'è. Ma lo devi andare a cercare, e di solito lo fai quando sei già nel mood maternità. Ma vi ricordo per l'ennesima volta che io avevo 24 anni e che la parola maternità probabilmente non l'avevo mai neanche pronunciata.

Non avevo amiche incinte o che ci erano passate prima di me. Non c'erano neonati di nessun tipo nella mia vita. Anzi, li evitavo proprio. Perché mai avrei dovuto relazionarmi con quegli esserini urlanti?

Io avevo la mia vita e la mia idea di gravidanza. Passivamente assimilata dalla cinematografia hollywoodiana, dove è sempre tutto perfetto, dove regna l'amore *happily ever after*, dove la pancia dura lo stacco di una scena e poi improvvisamente il bebè è già all'università.

IO NON SAPEVO NIENTE di cosa volesse dire essere incinta.

Vogliamo provare a indovinare come è andata?

MALISSIMO. Nausea, vomito, mal di schiena. Svenivo. Mi girava sempre la testa.

Perché nessuno te lo dice che può essere faticoso? E doloroso? E deprimente?

Stavo male fisicamente ed emotivamente. Non ho vissuto bene quei mesi che avrebbero dovuto rappresentare un cambiamento bellissimo, il mio. Dopo le prime due settimane, dal momento in cui ho iniziato a stare male, è diventato tutto super pesante.

Non sopportavo l'idea che di colpo mi avessero mollata tutti. Non sopportavo l'idea di veder cambiare il mio corpo, la mia immagine. Sapevo bene cosa stava avvenendo dentro di me e non volevo tornare indietro. Ma tutti i giorni, tutte le notti, mi domandavo cosa sarebbe successo. Cosa sarebbe stato di me.

E mi sentivo sbagliata. Ma perché non potevo essere felice come tutte le mammine del mondo che si accarezzano la pancia pensando che quello è il momento più bello della loro vita?

Ho scoperto solo dopo che quello stato di insicurezza, ansia e preoccupazione per il futuro non l'ho provato solo io. Quante cose non ho provato solo io! Quante donne si ritrovano con un bambino nella pancia e tanta felicità nel cuore, eppure hanno paura per il loro futuro? Bisognerebbe aprire un discorso a parte sul ruolo della donna e della madre in Italia, nel mondo del lavoro. Il lavoro normale. Con le sicurezze che comporta (che dovrebbe comportare) e la realtà dei posti di lavoro che scompaiono, delle donne che stavano investendo tanto nella loro carriera e si trovano costrette a rinunciare perché non hanno alternativa, non hanno aiuti, spesso non hanno nemmeno qualcuno che dà loro una pacca sulla spalla e dice "ce la farai". Ce la farai, io me lo dicevo da sola, a bassa voce, perché non potevo credere che sarebbe finito tutto così.

Ma avevo una paura fottuta.

Quando la pancia ha iniziato a vedersi è stato ancora peggio. Andavo in giro e mi guardavano tutti come se fossi una bambina incinta. Non sopportavo quegli occhi addosso. Sì, ok, ho vent'anni, e allora? Non è colpa mia se adesso i figli si fanno dopo i trenta. Non è colpa mia se per voi è normale così. Io ho sempre saputo che sarei stata una mamma giovane. Nel mio mondo ideale avrei comunque fatto figli prima dei trenta, la mia non scelta è stata coerente con quello che volevo. Solo qualche anno in anticipo.

Vivevo male quegli sguardi.

Non mi sono goduta niente. E oggi mi dispiace, anche se non sono mai stata succube dei sensi di colpa o una che si guarda troppo indietro. Ma ho vissuto quei nove mesi quasi rifiutando l'idea, senza accettare di fermarmi a godermi la pancia che cresceva, e mi dispiace tantissimo. Ma non si può tornare indietro. Non potevo allora, non posso oggi.

Quindi semplicemente ringrazio che nel momento in cui mi hanno messo tra le braccia Chloe è cambiato tutto.

Nel guardarla, incontrarla, sentirla, sono cambiata io.

Quando Chloe è nata, di colpo non mi è importato più nulla di quello che pensavano gli altri.

Guardatemi quanto volete, io sono felice.

Sono entrata in una nuova dimensione e la mia unica priorità era lei, la mia meravigliosa bambina bionda arrivata in un mattino di febbraio, quando il mondo si stava svegliando. Non me ne fregava più niente di niente. Ma niente davvero. Il lavoro? Non ci pensavo. Io, Julia Elle, che non ricordo un giorno, da quando avevo otto anni, senza un pensiero rivolto alla mia musica, ero in quel momento completamente disinteressata alla mia carriera. Le ansie, i dubbi, il futuro? Inesistenti.

Io non so come è stato possibile. Non so cosa mi è scattato dentro e non so se capita a tutte così. So solo che la mia testa si è spostata solo su di lei. Una magia. Mi sono focalizzata completamente sulla mia stupenda Chloe, che aveva bisogno di me. E la cosa più bella è che io avevo bisogno di lei. Semplicemente prima non lo sapevo.

Quel giorno è nata Chloe. Ma quel giorno è anche morta la Julia egocentrica ed egoriferita. Non c'ero più solo io. Non ero più io il centro del mondo. E, posso dirlo? Ho tirato un sospiro di sollievo.

Dove si va con un neonato? Cosa si fa?

Io chiusa in casa tutto il giorno non ci potevo stare...

Ed eccomi lì, neomamma alle prime armi, completamente inesperta e insicura a vagare per le vie di Seregno, entrando e uscendo da negozi e parchetti, entrando e uscendo da bar e pasticcerie. La signora Patrizia del bar in centro è diventata la mia chiacchierata del mattino. Il signor Bruno dell'edicola il saluto del pomeriggio. Credo di sapere tutto anche di Claudio, il postino.

Ben presto mi sono messa a organizzare brevi gite. Non credete anche voi che sia importante, anzi fondamentale, per una bimba di tre mesi andare sul lago di Como a vedere le paperelle? Ho foto che testimoniano il suo grande interesse, tra un pisolino e l'altro, che di solito durava tutto il giro del lungolago.

Io tornavo a casa distrutta, ma con il telefono pieno di foto di quelle papere: vuoi mettere che belle immagini potevo farle vedere al suo risveglio?

Alla fine ho optato per un posto vicino a casa che organizzava laboratori creativi per neonati. Ecco, fermiamoci e ripetiamo tutte insieme ad alta voce: LABORATORI-CREATIVI-PER-NEONATI. Ma cosa cavolo volete che creativizzi una bambina di quattro, cinque, sei mesi?

Portavo Chloe a fare il laboratorio della farina gialla (e ne inalavo più di quanta ne sia mai stata usata per fare tutte le polente del Veneto). Facevamo il laboratorio sensoriale. Quante bottiglie di plastica abbiamo toccato, amore mio! Incredibile, eh? Sperimentavamo i materiali: mai più senza pezzi di stoffa tagliuzzati e tappi di sughero.

Se non eravamo impegnate a diventare intelligentissime con i laboratori, andavamo al parchetto. E quando hai un bebè, quello che fai al parchetto è guardare gli altri bambini che giocano. Quelli più grandi. Uno sguardo sul tuo futuro, come se fossi un fantasma del Natale di Dickens. Con le occhiaie. Pensando che in fondo avere un neonato non è poi così male.

Quante volte ci siamo amati.

E quanto volevo che Paolo mi vedesse bellissima, la sua donna bellissima. Sempre a posto. Occhi a cuore. Tutto il tempo per lui.

Con i figli l'intimità cambia. È questione di ormoni, di testa, e anche un po' di fisico.

Sfido chiunque di voi a dirmi con sincerità che in quei primi 40 giorni ha avuto anche solo il minimo desiderio di utilizzare la parte del corpo appena utilizzata nel parto. Ci siamo capite. E anche dopo, la differenza si sente.

Prima di Chloe era tutta un'altra cosa. Saremmo potuti andare avanti per mesi senza sapere se fuori c'era il sole o la pioggia. Nove settimane e mezzo? Anche cent'anni per me.

La cosa che mi fa più ridere oggi è che prima non mi facevo neanche vedere se non avevo almeno il correttore sotto gli occhi.

La mattina mettevo la sveglia con la vibrazione prima di quella normale, per alzarmi prima di lui. Andavo in bagno, mi davo una rinfrescata, lavaggio denti, un filo di correttore e tornavo a letto, fingendo di dormire: «Buongiorno a te», fresca come una rosa, senza nessun desiderio di alzarmi.

Dopo i figli neanche mi ricordavo da dove arrivasse tutto quello slancio. Ho iniziato a lasciare aperta la porta del bagno, l'ho mandato a comprare gli assorbenti post parto. E sappiamo tutti che richiamo sessuale può avere un assorbente post parto.

Povere noi.

Ogni donna dovrebbe avere un momento della giornata da dedicare a pensieri, progetti, sogni.

Per esempio mentre ascolta la musica andando al lavoro o davanti a una buona tisana alla sera, prima di dormire. Un momento privato. Prezioso.

Io ce l'avevo. Ed era la doccia.

Lì riflettevo sulla mia vita e mi lasciavo trasportare dai pensieri.

La mia coscienza ambientalista veniva zittita dal calore e dal rumore dell'acqua, che facevo scorrere anche per un'ora intera.

Sotto quello scroscio ho pensato ad almeno dieci canzoni, ho trovato nuove parole e suoni, ho sognato di fare la valigia e partire. E a volte poi sono partita. Istanbul, Parigi, Praga. Ho scelto su chi investire e chi ignorare. Ho preso le decisioni più grandi sotto lo scroscio bollente.

Ho guardato sempre avanti. Al giorno in cui avrei baciato Paolo, se mai avessi trovato il coraggio. Al giorno in cui avremmo finito il disco. E poi lo abbiamo finito. E ci siamo baciati. E io quella sera ho chiuso gli occhi sotto la doccia e non ho capito più niente, e ho sognato di non lasciarlo andare mai più.

Oggi quell'ora mi costa 10 euro di tata. Sennò ci sono loro fuori dal vetro che piangono e urlano, neanche fossi minacciata dal coltello di Psycho. Che qualcosa in effetti ha ucciso. Il mio entusiasmo per il mio momento preferito.

Un'altra cosa che mi piaceva da morire era andare al ristorante.

Non stavo mai a casa, mangiavo fuori almeno una volta al giorno.

Oggi l'ora dei pasti preferisco chiamarla l'ora dei matti. Una tragedia. Roba lanciata ovunque. Cose sparse, cibo in ogni centimetro di pavimento. Ci metto un'ora a preparare e in pochi secondi diventa un terreno di battaglia, dove il primo a cadere è il bavaglino. Sporcano tutto. TUTTO. Si alzano, vanno a giocare e io ci metto un'altra ora a sistemare quel che c'è da sistemare (TUTTO, l'ho già detto?). Non ho ancora finito di pulire che uno dei due torna e dice «Ho fame». MA FAME DI COSA CHE HAI APPENA FINITO?

Credo di aver messo al mondo due figli con il verme solitario. Hanno sempre fame. E sete. E se non stanno mangiando o bevendo, sono impegnati nei loro bisogni fisiologici.

Ogni tanto vorrei che inventassero una macchinetta come quella che rilascia crocchette per i gatti. Fame? Sete? Ecco il distribuisci-alimenti sani e liquidi in comodi biberon e il tuo bambino non dirà più "mamma" ogni secondo e mezzo.

Mamma mamma mamma mamma. Ma le parole non si consumano?

In alcuni momenti mi sembra di non poter davvero fare altro. Basta un secondo di silenzio e la parola "mamma" risuona, anzi rimbomba. Eccomi, pronta, chi ha bisogno?

Per non parlare di quando devi fare una telefonata. Non dico a un'amica per chiacchierare, ma una telefonata necessaria. Metti che devi chiamare il commercialista: è impossibile. Se non in modalità vigile urbano, ovvero tu parli al telefono tenendolo tra l'orecchio e la spalla mentre con le mani dirigi il traffico dei tuoi figli ad ampi gesti che significano FERMO, NON TI MUOVERE, NON TOCCARE, RIMETTILO GIÙ, NON METTERLO IN BOCCA, LASCIA TUO FRATELLO, LASCIA TUA SORELLA, NO, NO, NO, NON APRIRE LÌ, SMETTI DI DIRE MAMMA, SHHHHT!

Smetti di fare telefonate. Mi pare evidente.

Così come smetti di andare al ristorante. Il lancio del cibo è già terribile in casa, figurati tra gli altri tavoli e i camerieri, con te che devi chiedere scusa.

Quanto mi manca andare al ristorante.

Quando diventi mamma cambiano tante cose. Cambiano anche le persone.

Appurato che in tanti ti mollano da un giorno all'altro, o almeno così hanno fatto con me, ci sono anche quelli che restano. I tuoi amici di sempre, quelli con cui fino a poco tempo prima adoravi trascorrere il tempo. È più che normale allontanarsi un po' quando nasce un bambino. Una neomamma spesso ha molto altro a cui pensare e diciamo che non è la prima della lista nella chat di gruppo "apericena".

Succede quindi questa cosa mistica per cui per un periodo si vive in un universo parallelo fatto di pannolini e ruttini dopo il latte. E il pensiero all'amica che si è appena lasciata con il ragazzo va e viene. Tutto normale. Tutto accettato. Anche dall'amica che piange per amore. E che comunque alla prima occasione ti farà notare che da quando hai figli sei cambiata e non pensi più a lei come prima. Ma questo te lo fa notare pure il tuo compagno per cui, insomma, sei abituata alle frecciatine dei primi mesi.

Poi però succede che il neonato cresce un po' e tu torni a vivere nel mondo reale. O quasi.

I tuoi amici improvvisamente ti sembrano degli alieni. Quando dicono qualcosa lo dicono in una lingua che non conosci più. «Andiamo a fare un aperitivo in terrazza, sopra il Duomo, poi cenetta al fusion? Porta pure i bambini.» Porta pure i bambini? Dove? Al fusion?

«Quest'estate organizziamo di nuovo le vacanze insieme? Partiamo in pullman, così risparmiamo, e in 24 ore siamo in Portogallo. Possiamo fare surf tutti i giorni. Venite, dai! I bambini si divertiranno un mondo!»

Tu sgrani gli occhi, ti corre anche un brivido gelato lungo la schiena immaginandoti su un pullman per VENTIQUATTRO ORE con i tuoi figli, ma sorridi. Li guardi, li FISSI, sperando si rendano conto di quello che hanno detto. Rimani zitta. Aspetti. La pausa però sta durando troppo e loro davvero non capiscono di aver detto una cosa fuori dal mondo. E allora, con lo stesso rigido sorriso, prendi fiato: «Eh, vediamo dai, ci penso».

Sono le stesse persone con cui sei sempre uscita e con cui adoravi trascorrere il tempo, eh. Intelligenti, simpatici, affidabili. Sono sempre loro. Ma NON CAPISCONO. Siete su due pianeti diversi e nessuno, tranne te, si accorge dell'impossibilità di trovare un'astronave per comunicare.

«Ho trovato questo posto pazzesco in cui, praticamente, fanno cucina bio sperimentale, per cui in realtà il cibo non c'è, ma si crea un vapore in queste bolle particolari e tu lo annusi... Bellissimo!»

Ho ricevuto davvero una proposta così da una mia amica. Ho risposto nell'unico modo possibile.

«No guarda, mi spiace, ma quella sera non possiamo, HO I BAMBINI.» Lei mi ha guardato, con sguardo alla "e quindi?". «E quindi... sai, forse non è il posto più adatto per loro» ho provato a spiegare.

«Ma dai, ma che problema c'è, portali!» Che problema c'è? Tipo che in un posto così non avranno neanche i seggioloni? O che i bambini non si saziano con il vapore? «A te questi posti sono sempre piaciuti: dai, non fare quella che siccome ha figli non fa più niente!»

Qualcuno penserà che alla fine io abbia ceduto e accettato l'invito per dimostrare che non ero cambiata per niente. Invece no. Io ero cambiata *del tutto*, lo sapevo benissimo, e ho accettato, sì, ma per farle capire qualcosa di più importante.

Volevo dimostrare che quando hai un figlio è un filo più complicato fare le cose, non tutte, ma alcune sì. Che alcune cose cambiano. Che sarete comunque amiche, ma ci sono serate che per un po' non potrete più fare insieme. E probabilmente cedi anche per stanchezza, perché davanti a un «Mi stai dicendo che non posso capire perché non sono madre?» sai già che è meglio non andare oltre. E «Il fatto che dalla mia vagina non sia passato nessuno mi rende inferiore a te?» ti richiederebbe un'argomentazione su cosa è passato e cosa no che forse non è il caso di fare in quel momento. Ma al «La placenta ti ha reso un essere superiore?» capisci di non aver proprio la forza di dire "sì, forse un pochino sì". Quindi dici ok, prenota, veniamo. Sapendo già che portare una bambina ad annusare bolle, quando la cosa che preferisce annusare da un po' di tempo sono le sue dita dopo essersi toccata il culetto, non può in alcun modo essere una buona idea.

A quell'amicizia tu tieni davvero. Quindi ci provi.

E immagini già il momento in cui ti sbatteranno fuori perché la tua bambina avrà gettato ogni singolo edamame in testa all'amministratore delegato di qualche azienda famosa, tutto elegante, seduto al tavolo accanto, e il tuo bambino avrà pianto tutta sera. Ma ci provi. Almeno lei, a quel punto, capirà.

Ti penti appena metti piede in macchina. Volevi darle una lezione, era chiaro, ma ora pensi solo a quanto sei stata idiota, perché è già evidente che sarà la serata peggiore della tua vita. Come andare a una gara di paintball senza fucile. Tutti gli altri ce l'hanno. Verrai solo colpita.

Scendi dalla macchina, metti Chris sul passeggino, lo leghi. Prendi Chloe per mano. Ti avvii al locale. Già da fuori ti rendi conto che è tutto troppo di lusso. Ma ormai sei lì, fai un bel respiro ed entri. Diciamo che ci provi: la porta non è progettata per far entrare facilmente un passeggino.

Sei dentro. Le luci sono basse, perfette. Il silenzio è surreale, tutti parlano a bassa voce. La parete riproduce una foresta di muschi e licheni, al centro della sala c'è una fontana a cascata. Si sente il rumore dell'acqua.

«MAMMA DEVO FARE LA CACCA.» A un volume di voce che probabilmente ha sentito anche lo chef.

Abbozzi un sorriso. Trovi subito il bagno.

Ne esci sperando che ora filerà tutto liscio. Sei un'ottimista, da sempre.

Si avvicina la ragazza della reception. E ti guarda come se volesse indicarti il negozio della Chicco poco più avanti. No, PURTROPPO, non hai sbagliato locale, è proprio lì che devi essere.

Le dai il tuo nome e leggi il panico nei suoi occhi «E questa dove l'abbiamo messa?». Ti chiede di portare pazienza un secondo, deve fare una piccola modifica ai tavoli e ne sceglie uno un po' appartato «Così che abbiate più privacy, sa, PER I BAMBINI». E lo dice come se avessi portato uno scimpanzé pieno di fango in un negozio di tende bianche.

Ti accompagna al tavolo più brutto del locale, il più isolato, e non ha finito: «Mi perdoni ma noi... non abbiamo quelle cose, ehm, come si chiamano, le sedie per...». Il seggiolone? «Ecco, sì, il seggiolone, mi scusi ma il locale non ne ha.» Non importa, li tengo in braccio o nel passeggino. E ti siedi, alquanto affranta.

E ovviamente la tua amica non è ancora neanche arrivata.

È in ritardo.

Ed è ovvio che sia così. Anche tu, PRIMA, eri sempre in ritardo. Non avevi qualcuno in allegato, affamato da mattina a sera. Qualcuno che quando il passeggino si ferma è abituato a scendere e passeggiare. Chris vuole scendere. Chloe vuole esplorare. State fermi immobili, state qui. Ecco, tieni il mio rossetto di Chanel da 45 euro, giocaci, fanne quello che vuoi. Tu invece, prendi il mio iPhone da 1200, rompilo. Basta che stiate tranquilli.

La tua amica arriva dopo tre quarti d'ora, con capelli perfetti, manicure perfetta, trucco perfetto, vestiti perfetti. E si siede fintamente trafelata, forse neanche si ricorda che sei lì con i bambini. «Una giornata di merda, guarda. Non te lo dico neanche.» E inizia a raccontarti tutta una serie di cose di cui a te non frega nulla. Della sua estetista cinese che l'ha paccata all'ultimo proprio il giorno dell'appuntamento con tizio, e lei mica ci può andare con la ricrescita sulle unghie. O della collega che le ha detto...

Basta, la fermi. Potrebbe anche interessarti, ma lo vedi quest'affarino attaccato al mio collo? Ecco: HA FAME, È UN'ORA CHE ASPETTIAMO. Sorridi. E apri il menu. E ovviamente non c'è nulla di commestibile per i bambini. O anche solo di comprensibile. Bolle di vapore e nomi giapponesi. Non è mai stato un problema per te, hai sempre ordinato a caso, ma ora hai bisogno di mettere qualcosa in bocca ai tuoi figli.

Tutto quello che avevi in borsa, avanzi di crakers e tarallini per ogni evenienza, lo hai già finito. Sorridi quindi alla cameriera. Avete del pane? No? Grissini? Neanche? «No guardi, lo chef prepara questa crosta con la fiamma per...» Aspetti, di cosa è fatta la crosta? «Tipo pane.» Benissimo, la crosta. Me la porti. Che plachiamo i due grizzly.

La serata prosegue. Chris lancia qualsiasi cosa per terra e tutti, ma dico tutti, ti guardano come se fosse colpa tua. Come se tu fossi davvero una brutta persona perché pure tua figlia più grande parla, urla, e fa cadere a terra le cose che afferra malamente con le sue manine. Anche la tua amica ti guarda male. «Dai, ordiniamo qualcosa di veloce allora.»

E così ti accorgi che invece di averle dimostrato che avevi ragione, hai solo trascorso una serata da incubo. E lei è scocciata, infastidita, stupita che tu non sia in grado di TENERE BRAVI I BAMBINI.

Sai che non la rivedrai più. Di sicuro non a cena. Almeno fino ai 18 di Chris.

Ma la sentirai, la sentirai molto prima. E sarà quel giorno in cui ti chiamerà con voce tutta emozionata. «Ciao JUUUULY.» Non ti chiamava così dalla terza liceo. «Ho una notizia incredibile.» Tu già sorridi. «Sono INCINTA!» E ridi, dentro di te ridi, di una risata da strega cattiva dei film di animazione. E sai che il karma esiste. Non sai quanto sono felice per te, le dici. E in realtà lo sei solo per te. Perché sai che ora, finalmente, capirà. E presto ti chiederà scusa.

Sono il tipo di persona che cerca tutto su internet.

Uso Google di continuo. Mi convinco di trovare risposte e soluzioni che poi funzioneranno.

Non mi piace farmi trovare impreparata.

Ecco perché sapevo tutto sulla nanna. E avevo deciso che sarei stata una mamma da "manuale".

Rispettare il riposino era tra le mie priorità. D'altronde lo capisci subito, appena torni a casa con il tuo bambino che profuma di neonato, che l'unica sopravvivenza possibile è recuperare energie mentre lui dorme.

Bene. Indovinate? Chloe non ha mai fatto il riposino! E neanche Chris, non pensate di poter essere fortunate almeno con uno dei due. Ho i bambini meno propensi al riposino dell'intera storia dell'umanità.

Fin da piccolissima Chloe ha dormito al massimo per un'ora. Il tempo di metterla giù e di sedermi sul divano, era già ora di tirarla su perché strillava.

Io me lo ricordo, quando mia nonna mi obbligava a dormire e io... dormivo. Poteva essere così difficile riprodurre questa cosa?

La risposta è SÌ!

Giuro che ci ho provato, e tanto. Otto ore per cullarli e addormentarli, la nanna nel lettino, la nanna in braccio, la nanna a testa in giù testa in su dai un bacio a chi vuoi tu. Niente. Dopo quaranta minuti di sonno sempre svegli come iene, più arrabbiati di prima.

Ho rinunciato.

In fondo in quei quaranta minuti non riuscivo comunque a fare nulla, non ne avevo nessun beneficio. Cosa facevo? Fissavo il vuoto, probabilmente. Vivevo con ansia il più impercettibile dei rumori: Chloe si svegliava per tutto, anche un sospiro. E allora stavo immobile.

Basta riposino, avete vinto voi.

Meglio uscire.

Stavo in giro per ore e ore. Lei all'aperto si trasformava nella bambina perfetta, come se sentisse il dovere di comportarsi bene (o semplicemente, è ovvio, le piaceva il movimento del passeggino, l'aria aperta, vedere il mondo).

Ho percorso chilometri e chilometri per non stare chiusa in casa a sentirla urlare.

Stavamo fuori, fino all'ora di cena. A casa c'era ancora tutto da preparare.

Paolo tornava dopo aver lavorato in studio. Cenavamo insieme senza riuscire a dirci una parola. Io avevo una gran voglia di comunicare con qualcuno che non facesse *enghé enghé*. Ma lei di sera era stanca, piangiucchiava, tirava giù le cose dal tavolo. Più che "basta Chloe, aspetta che raccolgo, vuoi ancora un po' di tapioca" non dicevo.

È stato in quel periodo che ho cominciato a capire gli anziani. I pensionati, sì, proprio loro, quella categoria che avevo appena scoperto nel mondo che vive al mattino e con cui avevo familiarizzato.

Quelli che ti fermano alla cassa del supermercato e attaccano bottone, fanno un commento sul tuo vestito, dicono cose a caso. Hanno solo bisogno di chiacchierare, di parlare. E in meno di sei mesi ero diventata una pensionata anch'io! Versetti e frasi dolci 24 ore su 24: avevo bisogno di verbalizzare con persone adulte. Qualcuno mi parli!

Sono andata avanti così per due anni e mezzo.

Finché nella mia vita non sono entrate le tate.

Prima di chiamare la tata, mi sono dovuta scontrare con un altro meraviglioso ostacolo della vita di una mamma, la quale pensa di sapere tutto e di avere il controllo su tutto, mentre in realtà NON SA NULLA.

Hai tutto chiaro nella tua testa. È ora di mandarla all'asilo. Ha quasi due anni. DEVE ANDARE ALL'ASILO. Deve prepararsi per la scuola materna, se no poi non è abituata. Ok, non sei convinta al cento per cento di questo discorsetto motivazionale, c'è una vocina sempre lì a remare contro. Ma tu non l'ascolti, non la vuoi ascoltare. Tu hai ben chiaro cosa devi fare ora. E cioè inserire tua figlia tra suoi pari, non può stare sempre in mezzo agli adulti. TU devi stare in mezzo agli adulti. Da sola!

Ma la vocina non tace: in fondo lavori da casa, potresti benissimo tenerla con te. Ed ecco i sensi di colpa in agguato. Ma no, guarda tutte le altre mamme: loro non hanno alternativa, loro mandano al nido, punto; devono tornare in ufficio a volte dopo solo cinque mesi e tu sei qui a farti un pippone che lei ha già due anni? Dai su. E poi non lo dicono i migliori educatori del mondo (quali? dove?) che la socializzazione è importante fin dal primo anno di vita? Le malattie? No dai, non focalizzarti sulle malattie. Pensa a lei tra altri bambini, quante cose bellissime imparerà (ma le sta già imparando ai laboratori intelligentissimi del mercoledì, no? No, zitta).

L'asilo nido fa bene.

Alla mamma soprattutto.

La verità è che quasi mi commuovo all'idea di avere qualche ora libera al giorno. Dai, la lascio lì fino alle 12, può essere un buon compromesso. Quattro ore tutte per me, oddio mi viene da piangere.

E infatti ho pianto. Abbiamo iniziato l'inserimento con le migliori intenzioni. Ma dopo due settimane la pedagogista della scuola si è vista spuntare otto capelli bianchi nuovi di pacca. «Cara Julia, inseriamo quasi cento bambini all'anno. Ecco, mi dispiace, ma non credo che Chloe sia pronta per venire all'asilo. Non ho mai visto nulla del genere.»

Molto bene. MOLTO BENE.

Chloe stava completamente rifiutando, a suon di pianti interminabili e urli di Munch, l'inserimento.

Potevo mettermi a tirare testate contro il muro, ma ho preferito lasciar parlare la vocina dei sensi di colpa. Su, dai, è meglio così: quattro ore in mezzo a bambini mocciolosi che la possono infettare? Chloe non deve andare all'asilo per forza, soffre troppo, l'ansia da distacco è violentissima, crescere con la mamma a sua disposizione 24 ore su 24 rafforzerà la sua emotività, non si sentirà abbandonata. E poi cosa me ne faccio degli orari dell'asilo? Mi posso organizzare. Dai, non scherziamo. Chloe DEVE STARE A CASA.

Sarebbe stata meglio una testata contro il muro.

In ogni caso non avevo scelta, la pedagogista mi aveva rimandato a casa. Sono andata dalla psicologa, che mi ha preparato un percorso per capire perché Chloe non fosse pronta. La risposta è stata molto semplice: in quel momento della sua vita non sopportava un distacco. Il fratello, il trasloco, molto altro. Abbiamo posticipato a data da definirsi.

Sto ancora guardando il calendario.

Chloe non andrà all'asilo? E che problema c'è? Niente nido uguale tata.

Quello che conta è trovare qualcuno che stia con lei quando ho impegni di lavoro o devo fare qualcosa. Si prenderà cura di lei e io starò tranquilla.

La vorrei affidabile, con le necessarie competenze pedagogiche, in grado di affiancarmi ma senza mai sostituirmi. Ho buttato giù una lista delle caratteristiche ideali. Mi sono ritrovata quasi a cantarla, come i bambini di Mary Poppins davanti al loro severo padre. Ecco, anche io come Jane e Michael Banks avrei trovato Mary.

Cara, tenera, povera Julia. Ingenua.

Colloqui, non so quanti ne ho fatti. Non avevo considerato la cosa più importante, un punto che mancava nella mia lista della tata perfetta: prima di tutto avrebbe dovuto piacermi a pelle. Ecco, trovare qualcuno a cui ti venga voglia di lasciare tua figlia non è esattamente la parte più semplice, nella ricerca. Ci ho messo tanto. Ma poi l'ho trovata.

L'imprevisto però era sempre dietro l'angolo. Le ho chiesto di venire lunedì pomeriggio dalle 15 alle 18? Stai certa che quel cliente importante che deve assolutamente incontrarmi mi darà appuntamento lunedì alle 11. E se per un miracolo divino riesco a farle spostare il turno e venire alle 11, l'appuntamento ovviamente salterà. Se invece non riesco a farglielo spostare... l'appuntamento salterà comunque, perché non ci potrò andare io.

Nella mia vita i cambi di programma sono all'ordine del giorno. Non so mai con esattezza cosa succederà la settimana dopo. Ed ecco quindi che do turni fissi, a caso.

Ho capito molto in fretta che con una tata sola non ce la potevo fare. E allora ne ho chiamate due: doppia tata, doppia possibilità di incastrare un orario diverso nella mia settimana.

Altra grande, quasi tenera ingenuità, Julia mia.

Le tate si ammalano.

Le tate perdono il treno.

Le tate vanno dal medico.

Le tate hanno figli che si ammalano.

Le tate non possono.

Le tate sono in vacanza.

Le tate fanno quello che chiedi loro di fare, ma se hai un impegno e loro non ci sono, cazzi tuoi.

Non è facile capire quanto è destabilizzante non sapere mai se potrai contare su qualcun altro, oltre a te stessa, nella cura di un bambino.

No, mia mamma vive a Torino, i genitori di Paolo sono ancora più lontani: non ho nonni. Ma uno che fa figli e ha i nonni a disposizione, mi chiedo, si rende conto di quanta fortuna ha? Ringrazia? Mette tappeti rossi e petali di rosa al loro passaggio?

A chi mi dice «sei fortunata ad avere tutto questo tempo da passare con i tuoi bambini» vorrei mostrare anche i video mai registrati di me che faccio saltare l'ennesimo appuntamento, l'ennesima intervista, l'ennesimo impegno. Perché non ho nessun altro. Sia chiaro: so di essere molto fortunata. Ho tutto il mio tempo per loro. Ma se tutti capissero cosa si prova a dover rimandare ogni volta qualcosa, forse mi sentirei meno sola.

Tiro il fiato alla sera. O almeno ci provo. Mi ci è voluto molto tempo, ma ora Chloe e Chris alle otto dormono. Ho studiato ogni tecnica esistente, mese dopo mese. Ho sperimentato i rumori bianchi, la TV accesa, la TV spenta, la nanna in orizzontale, a destra, a sinistra, nel lettino, vi tengo la mano, nel lettone, vi abbraccio, vi stringo nella coperta, vi lascio la porta aperta, la porta chiusa, la lucina, il buio.

Sono da te appena piangi, ti lascio piangere. Piango io.

Ho usato Google fino allo sfinimento, potrei scrivere un'enciclopedia di trucchi infallibili per addormentare il tuo bambino. Ma di infallibile non c'era proprio nulla. Solo il gas non ho usato. Non me la sono sentita. Anche perché a casa mia ci sono le piastre a induzione! (STO SCHERZANDO.)

Finché non ho inventato il meraviglioso metodo Julia Elle: li metto a letto e... spengo la luce! Ta dah!

Sul serio, spengo tutto e semplicemente dico «Si dorme». E dormono. Sembra una magia.

Alle otto i bambini dormono. Alle otto io tiro il fiato.

Se non mi addormento con loro.

Mai mi sarei immaginata di vivere in Italia, figuriamoci in provincia.

Paolo mi dice che si sta bene, che si sta meglio. Ero già incinta: facciamo come vuoi tu, ho detto.

Avevo sempre preso ogni singola decisione da sola, per tutta la vita.

Questa volta potevo anche provare ad affidarmi a qualcun altro. A lui.

E dopo Sesto... Seregno.

La mia casetta è stata il compromesso a cui ho imparato ad abituarmi. Non è Milano, ma sono in centro, vicino a tutto quello che serve con due bambini piccoli. La ragazza single con un lavoro di successo viveva nel centro di Milano. Julia versione mamma vive fuori Milano. E ha imparato a vederne i lati positivi. Si può cambiare, non siamo fatti per rimanere identici a noi stessi per sempre.

La cittadina dell'hinterland è a misura di bambino. Io sono a misura di bambino. Va bene così, va bene qui. E così, mentre scrivo, sto traslocando. Finalmente avremo una casa più grande. Esattamente come la sogniamo. I bambini avranno le loro stanze, potremo guardare il mondo da un terrazzo, avremo spazio per tutto. La cameretta di Chloe ha già le pareti dipinte di rosa.

Avremo la vasca da bagno. Quanto ho sognato una vasca da bagno!

Dicono che i traslochi siano stressanti. Per me sicuramente faticosi, ma positivi.

Ho imparato ad apprezzare il cambiamento. Chi l'avrebbe mai detto.

Sono pronta a ricominciare.

Come un punto a capo.

Lettera maiuscola. C di Casa.

Ricominciare da capo. Un'altra volta.

Per il mondo esterno la Julia cantante non c'era più. Ripartire era l'unica strada possibile, anche se in realtà non avevo in mente nessuna strada.

Ma ero a casa ed ero in grado di farlo. Chloe aveva due anni e io avevo bisogno di ricominciare a sentirmi qualcuno. Ho pensato, perché no?

Il primo video, l'abbiamo girato con la videocamera di Paolo. Ho recitato davanti a lui, è stato un gioco bellissimo, mi sono sentita di nuovo al centro dell'attenzione. Anche sua.

Non mi sarei mai aspettata di ottenere così tante visualizzazioni in pochi giorni. Ho capito di aver aperto una porta che non potevo lasciar chiudere. E immediatamente è partita l'ansia da prestazione. Dovevo fare bene. Dovevo fare tanto. Dovevo fare subito e meglio. Non c'è mai stato niente di semplice nella mia vita: ero pronta alla solita grande scalata di fatica per arrivare alle cose.

Avevo già portato avanti alcuni progetti web: nel momento in cui mi sono ritrovata un tesoro tra le mani, ho capito che il mio prodotto funzionava, ma non voleva assolutamente dire che ce l'avessi fatta. Chi mi aveva condiviso avrebbe potuto non farlo più.

E allora mi sono impegnata tantissimo e continuo a farlo, per creare contenuti di alto livello, sempre di più. Non ho dato per scontato nulla e sono felice di come siano andate le cose, ma me ne prendo anche il merito.

Giro video tutte le settimane, spesso il lunedì.

Quello che faccio dipende dal tipo di video che ho in mente, se è per raccontare qualcosa o per legarmi a uno sponsor. Con me lavora un cameraman. Non sempre impegniamo lo stesso numero di ore, dipende dallo script, ovvero la sceneggiatura.

La mattina cerchiamo di portare a casa tutte le scene, entro l'ora di pranzo se possibile, se no sforiamo al pomeriggio e lì mi sento già tremendamente in ritardo. Poi ci occupiamo del montaggio e lo mandiamo in approvazione, se si tratta di un video per un cliente, oppure lo carichiamo su Facebook.

Scrivo di notte. Penso a quello che voglio raccontare mentre addormento i bambini. C'è un momento preciso, loro non stanno ancora dormendo, ma nella stanza c'è silenzio, quando nella calma del buio mi vengono in mente le idee, si delinea lo script. È come se lo scrivessi nella mia testa. Poi si tratta di metterlo su carta. E l'idea non basta: va rielaborata, va sezionata. Devo scrivere le scene, decidere le inquadrature, inventare i dialoghi. Tutte cose che a volte cambiano completamente nel momento in cui giriamo, perché ci rendiamo conto che così come le avevo pensate non rendono l'idea e che funzionano meglio in un altro modo. O ancora, vengono ribaltate durante il montaggio.

Decido tutto io, anche quello che non faccio in prima persona. Non so usare un programma di montaggio, ma so esattamente come voglio che il mio video venga montato.

Ogni mercoledì ne esce uno nuovo.

È un appuntamento fisso, impegnativo, che richiede una costante ricerca di idee, una costante puntualità. È una macchina avviata che non si può fermare. È un viaggio che non avevo programmato, ma che amo fare.

Mi dicono: «Che bello, ma è lavoro? Che fortunata che sei».

È bello, è lavoro, di quelli che fai con piacere, di quelli che non ci sarà un solo giorno nella tua vita in cui ti sembrerà di lavorare. Sono fortunata, sì.

Ma nessuno sa che non ci sono giorni off.

Non ci sono momenti off.

Non ci sono giorni di malattia o permessi. Il mio appuntamento settimanale va rispettato, con o senza tata. Con o senza tempo. Con o senza forze.

Non sto salvando il mondo e non lavoro in miniera. Ma mi fa sempre sorridere quando mi dicono: «Be', facile vivere così».

Quasi eh.

Non ci sono solo i video.

Ricevo una media di 3000 messaggi al giorno.

All'inizio rispondevo alla sera, dopo aver messo a dormire i bambini. Era un vero delirio. Non riuscivo a star dietro a tutti, sempre tanti, sempre troppi.

Così ho cambiato organizzazione della mia giornata: mi ritaglio quindici minuti ogni due ore. E li smaltisco.

Poi ho i report da mandare alle aziende. E la pianificazione della parte pubblicitaria da concordare con loro.

Analizzo i dati o chiedo alla mia agenzia di farlo.

Rimango connessa da mattina a sera, decido io cosa voglio far vedere di me, di noi, ma il telefono è sempre in mano. Eppure non mi pesa, adoro quello che faccio. Mi sento vicina alle persone che mi seguono ed è bello rispondere, parlare, commentare.

Tutto questo di solito lo faccio mentre sono in casa con i bambini. Sono sempre in casa con loro. Mi dicono: «Che fortuna». Lo so. Ma è anche faticosissimo e hai la sensazione di non fare mai bene niente. Tutto a metà.

Le giornate in cui ho impegni fuori, incontri con i clienti o partecipazioni a eventi, sono tante, anche se non troppe. Dipende molto dai periodi. Esco al mattino, li saluto come una mamma "normale" che prende e va al lavoro. Tristezza? Sì, a volte. Ma sono sincera, non eccessiva. Sono con loro sempre e ininterrottamente: le giornate in cui esco di casa e chiudo la porta le associo a un momento di sollievo, di pausa, di OGGI NON TOCCA A ME. Ogni tanto è concesso a chiunque. Anche a me.

Lavoro, eventi, incontri. Rientro tardi e a volte già dormono. A dicembre capita spesso, a gennaio mai. Non riesco più di tanto a programmare le mie settimane, non ho giornate prevedibili, mi adatto a quello che devo fare e loro si adattano ai miei ritmi. O a quelli delle tate. Perché se la tata si ammala col cavolo che posso andare all'evento fissato da due mesi. O se devo fare una settimana a Sanremo per un lavoro bellissimo ma a loro viene il virus intestinale... Sanremo lo guardo in TV (vita vera).

Questo è uno degli aspetti più difficili da far capire a chi mi dice «Beata te». So che non faccio un lavoro normale, so di non poter essere accomunata a tantissime altre mamme. Eppure questo è il mio lavoro: presenziare a un evento ne fa parte, pubblicare un video ogni mercoledì anche. Impegno, costanza, professionalità.

Beata me, che sono così stanca che ogni tanto mi addormento prima di loro. Alle sette di sera.

Quando ero incinta di Chloe ho scoperto di dovermi operare alla mandibola. Niente di troppo grave. Ma neanche di affrontabile con un bambino nella pancia, almeno per me. Così ho posticipato l'operazione e più o meno una settimana dopo il parto ero sotto i ferri.

Avevo deciso di allattare. Ne ero più che convinta. Avevo letto di tutto, avevo capito quanto fosse importante e soprattutto "esclusivo". Non tanto per i ritmi dell'allattamento quanto per il rapporto che si sarebbe creato tra me e la mia bambina. I medici erano ottimisti. Anzi, non vedevano alcun ostacolo: ti operi, durante la terapia postoperatoria ti tiri il latte, e quando hai finito di prendere le medicine ricominci ad allattare.

COME NO.

Il latte è finito subito.

Ci sono rimasta malissimo. E mi sono sentita tremendamente in colpa a passare al biberon.

Io volevo allattare la mia bambina. Mi avevano tolto qualcosa di troppo importante, che nessuno poteva restituirmi. Non avrei avuto una seconda possibilità, quanto meno non con lei.

L'ho avuta con Chris. Con lui è andato tutto benissimo, sta andando tutto benissimo. Allattamento a richiesta, oggi è soprattutto una coccola serale.

Penso spesso di aver dato più a lui che a lei, allattandolo. Non c'è nulla che possa convincermi del contrario.

Si cresce bene anche a latte artificiale, dicono.

Non avevi alternative, dicono.

Quante mamme non allattano, dicono.

Tutto vero, tutto giusto. Ma io ho perso troppo. Per me, e soprattutto per lei.

Come al solito, però, non guardo indietro.

So che non potevo fare altro e semplicemente me ne dispiaccio. Con un po' di rabbia verso tutti quei medici che consigliano immediatamente alle neomamme di passare al latte artificiale, di dare un'aggiunta, di non preoccuparsi, che non è obbligatorio allattare. Io lo so che non è obbligatorio e non mi permetterò mai di giudicare chi sceglie di farlo e chi no, chi può farlo e chi no. Ma mi rendo conto che spesso negli ospedali ti offrono da subito tutte le altre alternative, prima di dirti che sì, può essere dura all'inizio, ma poi può diventare bellissimo.

I primi 40 giorni con Chris sono stati dolorosissimi. Eppure ci tenevo così tanto che ho resistito. C'è chi dice che non sia giusto resistere. Io volevo. Io ho scelto di resistere. E dopo 40 giorni, esattamente come dicevano tutti i libri che ho letto, il dolore è passato. Era solo questione di tempo e quel dolore si è trasformato nel momento speciale che avevo sperato. Allattare fa bene, allattare rinforza le difese immunitarie, allattare è un momento così intimo tra mamma e bambino, è la cosa più naturale del mondo. E poi, diciamoci la verità, allattare è comodissimo.

Ecco perché smetterò quando lui andrà alla Bocconi.

O molto più credibilmente, quando ci verrà naturale smettere. Dico "ci", al plurale. Dovrà essere pronto lui. Dovrò soprattutto essere pronta io.

Considerando che oggi a pranzo ha divorato un piatto di lasagne... ci arriverò.

Quel bambino non ha neanche i denti e gli fai la festa con i fuochi d'artificio?

Partiamo dal principio. È sempre giusto contestualizzare. Quando non ero mamma e vedevo le feste super organizzate e allestite neanche fosse il compleanno del principe George, mi veniva una tristezza incredibile. Guarda che donne frustrate, pensavo, fanno ricevimenti da matrimonio per dei figli minuscoli.

E soprattutto: quando sarò madre, non farò mai nulla del genere.

Tutto chiaro, no?

Ho già detto "ingenua"? Mi faccio davvero tenerezza.

Quando è nata Chloe è stato un istinto irrefrenabile. Anzi peggio, come se lo spirito di una party planner si fosse impossessato del mio corpo. O era già dentro di me e non lo sapevo.

Ha preso vita alcuni mesi prima del suo compleanno. Ha preso il controllo della mia razionalità e di ogni mio potere decisionale.

Mi sono ritrovata a organizzare l'evento fin nei minimi dettagli, dagli inviti al colore della tovaglia e dei tovaglioli, tutto rigorosamente abbinato, ho fatto ricerche impossibili in internet, ho studiato le feste dei milionari.

«Paolo, non capisci? Dobbiamo affittare questa reggia perché se non lo facciamo allora vuol dire che non mi ami.» Mi guardava con gli occhi sbarrati. «Guarda questa foto, Paolo. Vedi quant'è bella questa festa?» Lui provava a dirmi: «Io ti amo, ma quella probabilmente è la figlia di Bill Gates». Io piangevo, urlavo: «E tu non vuoi bene a Chloe quanto Bill Gates ne vuole a sua figlia? Vuoi dirmi che lui è un padre più affettuoso di teeeeee???».

Ero impazzita.

Alla fine per il primo compleanno di Chloe ho gonfiato a elio anche gli invitati.

Qualsiasi cosa era gonfiata a elio, non avevo nessuna intenzione che sembrasse una festa da poveri. Hai mai visto la festa di un ricco con i palloncini a terra? Volevo più palloncini che dolci. La macchina che li ha portati a casa è arrivata volando.

Sì, perché alla fine abbiamo festeggiato in casa. Paolo è sempre stato bravissimo ad arginare i germi della mia follia, non si è mai fatto problemi a dirmi di no. Non so dire se sia un bene o un male.

La party planner però non ha perso tempo e ha fatto conoscenza con la sua collega pasticciera: io, che non avevo mai cucinato neanche la pasta all'olio, mi sono messa a fare i cupcake e i muffin. Cinquanta solo i muffin, con l'aiuto della mia amica Sara che ho costretto ad aiutarmi (grazie, Sara). Abbiamo sfornato dolci per tutta la notte, neanche fossimo contraffattori. C'era farina ovunque. E una tavola imbandita per centocinquanta persone. Eravamo in quindici.

Il colore della festa era il rosa. Tutto era rosa. Anche le bevande dovevano essere SOLO rosa. Per noi adulti un ottimo champagne rosé, per i bambini una specie di cocktail analcolico rosa alla frutta. Nient'altro. È stata Sara a convincermi a mettere anche l'acqua. Per me non c'era storia. L'acqua è trasparente. A me serviva rosa. (Grazie, Sara.)

Se mi fossi vista così quando ancora non avevo figli, probabilmente mi sarei passata sopra con la macchina, per farmi un favore. Io, che andavo alle feste senza neanche sapere che lo fossero, che per festeggiare invitavo a bere qualcosa in un locale e chi c'era c'era, andiamo, prendo la mia macchina cabrio, abbiamo un tavolo prenotato in discoteca. Senza poi ricordare molto, perché si beveva sempre troppo. Ecco, io, Julia senza problemi, per i miei figli sono capace di chiamare Elsa e Olaf in carne e ossa (l'ho fatto, non è una battuta).

La coerenza delle mamme non esiste.

A meno di non fare su noi stesse un lavoro davvero profondo, direi che è praticamente impossibile "rigare dritto".

Ti ritrovi da subito, senza rendertene conto, a fare cose che mai avresti pensato di fare. E imponi regole che non sono le tue, che tu per prima non rispetteresti. E così per loro minestrina senza sale, per te sacchetto di patatine appena vanno a dormire.

Non mangiate schifezze (tu quando vuoi).

Ogni giorno la sua porzione di frutta, mangia la mela che ti fa bene (tu una volta a settimana, al massimo, e comunque solo fragole).

Per loro orari da caserma militare, subito a nanna, avete bisogno di dormire, gli orari vanno rispettati. E tu in piedi a far niente fino alle due di notte.

Spegnete la TV, ne avete vista troppa oggi, quando tu passeresti giornate intere davanti alla tua serie preferita (non lo fai solo perché non hai tempo).

NON URLATE, detto urlando.
Non dite parolacce, CAZZO.
Rimettete tutto a posto subito, non si può vivere in questo disordine... (non entrate in camera mia).

Mio papà mangiava i nostri cioccolatini di notte, io al mattino non li trovavo più. Lo sapevo che era stato lui. E lui negava, ci diceva semplicemente che non potevamo mangiarli.
La coerenza non esiste. Neanche quella dei papà.

Io ci provo. Cerco di essere vagamente giusta, di capire il punto di vista dei miei figli, di non dire sempre no. Se mi chiedono di lanciarsi dalla finestra, è ovvio che dico no, ma cerco di lasciarli liberi, di sperimentare e vivere, di non dare regole che io per prima non seguirei mai. Ogni bambino è diverso, ogni mamma è diversa. Quel che è uguale è che nessuna è perfetta.

Avevo sette anni e nessuno voleva sedersi vicino a me, ero "quella nuova" in una scuola nuova in una città nuova.

Poi Sara mi ha fatto posto, come in *Forrest Gump*. Lei era la mia migliore amica, era quella che mi difendeva quando gli altri mi prendevano in giro perché avevo l'apparecchio, che mi teneva il posto a mensa. Era quella che se c'era da mettersi in fila per due sapevamo che saremmo state io e lei, che quando andavamo in gita mi teneva il posto in fondo al pulmino.

È stata seduta accanto a me in silenzio per mesi quando a undici anni mi è morto mio papà e io non volevo più parlare.

Sara, la mia complice, la sorella che non ho mai avuto.

Lei ha creduto in me prima ancora che io iniziassi a credere in me stessa.

E non ha mai smesso, nemmeno quando sembrava che stessi sbagliando tutto.

C'è sempre stata, c'era quando uscivamo a fare

festa e anche quando a 25 anni, dalle feste ai pannolini, gli altri sono spariti tutti. È grazie a lei che so cos'è l'amicizia.

Grazie, Sara.

Mio papà è morto in un incidente. Quanto può far male la vita?

A me hanno tolto un pezzo fondamentale. Ma oggi non vivo più la sua perdita con dolore, anzi, ringrazio per averlo avuto. Undici anni non sono poi così pochi. A undici anni un papà può averti già dato tantissimo. E io ho avuto la fortuna, il privilegio, di avere un papà vero, di quelli con la P maiuscola, di quelli che ti passano i valori più importanti, che costituiscono la tua essenza, che fanno di te quello che sarai da adulta. Lui è l'uomo che mi ha dato fiducia nel genere maschile, forse troppa. Un modello così è difficile da replicare e forse io ho pensato che tutti gli uomini fossero come lui. Non lo sono.

Io assomiglio tanto a mio papà.

E gli devo molto di quello che sono.

Nella mia visione del mondo vince la gentilezza: non potrei mai andare in giro a trattare male la gente, non potrei mai trattare qualcuno in modo diverso solo in base a quello che possiede. Per me non è concepibile essere una persona che si comporta male con gli altri. E se sono così è grazie a lui. Lui, che trattava l'ultimo dei suoi operai al pari del suo amico con la barca. Lui, che ha portato in Italia un'intera famiglia dall'Egitto, per riunirla al capofamiglia. Lui mi ha insegnato che le persone sono persone. E che nella vita tutto può cambiare. E la persona che tratti bene oggi puoi ritrovarla sul tuo percorso domani. E allora raccoglierai i frutti della tua gentilezza.

Mi hanno trattato a pesci in faccia quando ero una cameriera, a diciannove anni, oggi chiedono una foto con me: non è così che si fa. Io non sono così e farò di tutto perché i miei figli diventino come mi ha insegnato lui. Non con le parole, ma grazie all'esempio. Vedendo, e assimilando, la gentilezza. Facendo del bene, senza aver bisogno di sbandierarlo. Senza differenze.

Non sono i soldi a fare la differenza, a dire chi sei. I soldi sono solo un mezzo. Per far stare bene chi ami.

Puoi averli o non averli. Mio padre non era nato ricco, ha lavorato tanto, ha reso la mia infanzia speciale. Poi però se ne è andato. E per la mia famiglia è cambiato tutto. Ma ci siamo semplicemente rimboccati le maniche e io ho imparato presto a guadagnarmi qualcosa da sola. Anche questo è un suo grande insegnamento.

Undici anni sono troppo pochi per perdere un papà, ma abbastanza per ricordarlo per sempre e cercare di dimostrare che tutto quello che ha dato è valso qualcosa.

È valso tutto.

Amo moltissimo la mia mamma, oggi lo penso davvero. E non è scontato per me dirlo.

Abbiamo litigato tantissimo.

Ho capito mia madre solo quando sono diventata mamma anch'io. Prima con lei avevo un rapporto pseudoadolescenziale. Prima era una stronza che non mi aveva mai capita. Non era la madre che avrei voluto, per mille motivi. Era distante, giudicante, svalutante.

Non è mai stata una madre perfetta.

Oggi so che non esistono madri perfette.

Prima di avere noi era una radical chic, anche se questo termine ai suoi tempi probabilmente non esisteva. Era figlia di un dirigente della Fiat. Cresciuta in un ambiente molto agiato, andava a manifestare per i diritti degli studenti. Delle donne. Degli animali. Di quel che c'era. Ha fatto matematica all'università, scelta decisamente impegnativa. E poi ha deciso di insegnare yoga.

Di fatto è una colta insegnante di yoga con tutte le sue contraddizioni.

Per scelta non ha uno smartphone e non ha il televisore in casa, perché non vuole guardare la TV. Perché combatte il consumismo. Poi però si fa il pavimento in bambù ecologico nel suo mega appartamento, spendendo non so quante migliaia di euro.

Lei cammina scalza. Sul suo pavimento costosissimo.

Lei è quella che quando eravamo piccoli andava in spiaggia al tramonto a meditare, a ricongiungersi con la terra e i suoi pensieri. Per poi riportarci alla piscina del mega resort in cui alloggiavamo.

Lei è quella che, da sempre vegetariana convinta, per un periodo decide di avere l'orto. E si vanta con gli amici che noi mangiamo solo cose del nostro orto. Che però cura quotidianamente il suo giardiniere. Io non l'ho mai vista potare una pianta.

Mia madre è piena di contraddizioni e io le ho odiate davvero tutte. Oggi mi fanno tenerezza. Lei mi fa tenerezza. E la ringrazio per tutto quello che ha fatto, nel modo in cui ha potuto.

Ho iniziato a guardare alcuni momenti della sua vita da un'altra prospettiva e ho visto una donna che sicuramente ha commesso errori, ma che è stata molto forte. Fortissima. Era una donna innamorata di suo marito, aveva costruito una vita insieme a lui e di colpo si è ritrovata da sola, con due figli e una vita da ricostruire.

Io ho fatto scelte molto diverse da quelle che ha fatto lei con me, con me e mio fratello. Ho preso le distanze dal suo modello e oggi se ne è distanziata anche lei. Mi sono mancate le carezze, la vicinanza, le parole, gli apprezzamenti. Avrei voluto essere valorizzata e incoraggiata. Non lo ha fatto. E in questa mancanza oggi scopro il suo insegnamento più grande. Perché ho imparato sulla mia pelle quanto è importante per i miei figli che io ci sia, che li accolga e li coccoli e dica loro quanto sono bravi. Mia madre mi ha insegnato al contrario. E oggi è una nonna molto diversa rispetto alla mamma che era. La guardo, anche nelle piccole cose, e penso a quanto mi sarebbe piaciuto avere questa versione di lei per me. La sua versione di oggi è quella che cerco di dare io ai miei bambini.

Amo la mia mamma e sono felice di averla ritrovata.

Quando le dico che è una radical chic però si incazza.

Il mio primo compleanno da mamma ho rischiato di dimenticarmelo.

All'ultimo mi sono detta che faccio? Amici non ne avevo più... Ho chiesto a Paolo se festeggiavamo insieme, magari usciamo a mangiare qualcosa? Ma il 24 giugno del 2014 c'erano i mondiali e quella sera giocava l'Italia. Sfido chiunque abbia un marito o un compagno a indovinare cosa mai potrà aver risposto alla domanda "usciamo questa sera?". «Andiamo a pranzo da qualche parte.» Ok dai, meglio di niente.

Mi ha portato a mangiare una piadina. Non sto scherzando.

Buon compleanno a me.

Finita la partita ci riprovo. L'Italia perde, lui è incazzato, ma è il mio compleanno, perché non possiamo uscire lo stesso? «Ma piove, dove vuoi andare?» Ci rimango malissimo, decido di uscire da sola o piuttosto con il primo che incontro, CAPITO? Telefono a un mio amico, uno dei pochi rimasti. Lui è una certezza, sempre in giro a far serata. Gli dico che è il mio compleanno, che sono da sola. Non ci pensa un secondo: «Vieni qua, ci siamo tutti, la festa deve ancora iniziare».

Sono già sulla porta. Lascio Chloe a Paolo, questa sera ci pensi tu. E vado.

Mi sembra di tornare alla mia vecchia vita. Solo che ci torno come se mi presentassi in tuta alla prima della Scala.

Mi sento fuori luogo. Come se avessi sbagliato posto.

Non era cambiato niente lì, era tutto come prima, le stesse persone, le stesse dinamiche.

Però, piccolo dettaglio, ero diversa io.

Non mi incastravo più bene in quel tipo di serata, ero un pezzo di puzzle mancante.

Bevo qualcosa, rido, ma improvvisamente voglio solo tornare a casa.

Sono rientrata prestissimo.

Non mi sono divertita.

Quello stesso anno la party planner che si era impossessata di me ha organizzato invece una bellissima festa a sorpresa per Paolo. La prima festa post figli. Volevo fosse un momento speciale. O forse avevo solo bisogno di abbinare il colore dei tovaglioli alla decorazione dei bicchieri.

Affitto un locale, chiamo tutti i suoi amici, scelgo un menu pazzesco, faccio fare una super torta.
È stata una bella sorpresa, era molto contento.
Più o meno quel tipo di felicità che si leggerebbe sul volto di Trump se ricevesse un bonifico da mille euro. Ma mi andava bene così.

Ho capito che spesso facciamo agli altri quello che vorremmo fosse fatto a noi.
Avrei tanto voluto una festa a sorpresa per il primo compleanno post figli. Mi sarei sentita guardata, pensata, amata.

Ricevo tantissimi regali.

Ne ricevevo anche prima. Non così tanti. Ma davvero bellissimi.

Impazzivo per i gioielli di Tiffany, dal solitario ai braccialetti. Mi piacevano, mi piacciono. Fiori da ragazzi che incontravo per lavoro, piccoli cadeaux che trovavo nelle stanze di albergo. Ero viziata. Viziatissima. Lavorare era un vizio. Ogni viaggio era un regalo. Ogni stanza d'albergo a cinque stelle, dove i letti sono morbidi come la seta e i piumoni hanno la forma di un abbraccio. Ho ricevuto in dono vacanze bellissime. Era tutto bellissimo.

Paolo per il mio compleanno mi ha regalato dei cappellini molto belli. Li avevo scelti da sola.

Io adoro ricevere regali, adoro le sorprese. E adoro questo mio nuovo lavoro, che mi fa suonare il citofono quasi tutti i giorni.

Sono consapevole però che non può essere

sempre Natale, per cui evito di far vivere anche ai miei figli lo stesso tipo di adrenalina ed euforia. Alcuni pacchi li apro subito insieme a loro, per altri aspetto. Devono capire che non è questa la normalità. Che non si può avere tutto subito. Che un regalo è qualcosa di speciale.

Ma è proprio perché io lo so bene, che quando suona il citofono ho sempre un sussulto di felicità. È uno dei momenti della mia giornata che preferisco.

Però non sono una mamma che acquista compulsivamente. Preferisco poche cose, ma belle. Per i vestiti, e soprattutto per i giochi. Compro la tavola montessoriana tutta in legno per sviluppare la creatività e la bambolina made in China la lascio in negozio. Non mi piace il troppo (disse quella che per l'ultima festa di compleanno di Chloe riempì una sala di ogni tipo di gadget e decorazione).

Sono una minimalista che si scontra con la sua realtà. Mi riempiono di regali. Come si fa a dire di no?

Chloe è sempre stata molto consapevole di quello che facciamo nei video.

Sa che è il mio lavoro, anche se forse non sa cosa vuol dire lavorare.

Le piace partecipare. Se fa quello che fa, tante volte non è perché la coinvolgo. È lei che entra nel gioco. Per lei è tutto un grande gioco. E lo fa con una spontaneità che mi lascia a bocca aperta. Negli anni ho lavorato con tanti attori bambini, anche più grandi di lei, ma con lei è un altro mondo. È come se sapesse come fare.

Una volta stavamo facendo una scena, mi ha fermato, ha chiesto di fare in un altro modo. Mi ha cambiato tutto. E aveva ragione lei! Una bambina di quattro anni!

Ha capito perfettamente che stiamo recitando.

Uno dei giochi preferiti da tutti i bambini è la reinterpretazione della realtà. Tutti giocano a "facciamo che", mettendo in scena quello che hanno vissuto, fatto, appreso. Io faccio la mamma, tu il figlio. Per rielaborare. Tutto passa attraverso il gioco. Ecco, per lei vedere la sua mamma che riproduce scene della realtà e assume un ruolo davanti alla telecamera è il gioco più bello del mondo.

E quando non ci sono telefonini o cameraman, lei mi chiede di giocare a "facciamo che facciamo un video". Allora io faccio lei, e lei fa me. Invertiamo i ruoli, giochiamo davvero. Ed è il suo gioco preferito da fare con me. Anche quando la telecamera è finta.

Nelle Instagram stories entra senza che io dica nulla. Quando ho iniziato a usare la nuova funzionalità, mi riprendevo da sola. Lei si offendeva. Voleva partecipare. «Anche io anche io», puntando i piedi. Per me va bene. Lei è parte della mia vita. Il mio lavoro mostra la mia vita. Va bene che ci sia. Non ho paura di esporla. Ci sono io a proteggerla. È per questo che la lascio molto libera. Se vuole dire qualcosa la inquadro. E lei può dire quello che le pare.

Le ho spiegato che ci sono persone che ci guardano, esattamente come noi guardiamo altre persone. C'è chi, al di là del telefonino, guarda i nostri video e sa tante cose su di lei. Lei sorride, dice «ho capito». E saluta tutti, ciao ciao.

Ho imparato a convivere con la notorietà.

L'avevo immaginata diversa, devo essere sincera. Ve l'ho detto, ho iniziato a lavorare nel mondo dello spettacolo da giovanissima: mentirei se dicessi che non volevo essere riconosciuta per strada. Desideravo che tutti sapessero il mio nome. Volevo diventare famosa. Con la musica è successo, ma era un mondo diverso. Senza un contatto così stretto con le persone. Oggi, tra chi mi segue, c'è davvero chi mi vuole bene e questo fa un effetto incredibile.

Le persone si affezionano a me, mi sembra pazzesco e irreale, e se mi fermano per strada non è per fare una foto con me, non solo, ma perché mi vogliono bene. Lo percepisco, me lo dimostrano. Mi fermano per parlare, mi abbracciano, non vogliono solo un'immagine da condividere o tenere nel telefono.

Io non so chi sono loro, loro sanno chi sono io. È una sensazione stranissima. E molto bella per me. Ecco perché anche quando ho una giornata molto dura, quando ho l'umore a terra, quando tutto vorrei tranne che interagire con qualcuno, se una persona mi ferma, le dedico tutto il tempo che ho. Perché so benissimo a chi devo il fatto di poter fare quello che faccio oggi.

A Chloe ho dovuto spiegare tutto. Non capiva perché per strada la gente volesse farsi una foto con me. O meglio, non capiva perché con me sì ma con il suo papà no. Le ho spiegato che apparire fa parte del mio lavoro e non di quello di Paolo. Fa parte del pacchetto.

Con il primo video sono arrivata a 1600 follower. Dopo i primi due ero già a ventimila. Nel primo mese settantamila. Oggi siamo a mezzo milione, cinquecentomila persone che seguono quello che faccio.

Incredibile è davvero la parola giusta.

Non voglio deludere nessuno, voglio dare sempre il mio meglio.

Voglio durare.

Sono consapevole che tanti mi invidiano per la vita che faccio, per quello che posto, per la versione di me che racconto. Sono consapevole anche di ricevere moltissimo affetto proprio per l'immagine che ho dato di me, di noi.

Eppure i social non sono la vita. Per quanto io cerchi di essere così come sono, quando parlo in diretta o mostro le mie giornate, c'è sempre un filtro. Un giorno ho scritto questo.

> Non credete sempre a quello che vedete. È facile sentirsi sbagliati con uno schermo davanti agli occhi. Il vostro smartphone mente. I social network mentono. O meglio, sono le persone a farlo. Sì, perché nessuno posta la verità online, nessuno parla dei momenti difficili della vita reale. Su Facebook ci sono solo foto di famiglie felici, di coppie felici, di amici che si divertono. Quanti di quei sorrisi sono veri? Quanta di quella felicità è reale?

Eppure noi ci crediamo e in qualche modo ci sentiamo sbagliati.

Perché ci si sente soli, come se fossimo gli unici ad avere una vita imperfetta. Allora prendiamo il telefono, sfoggiamo il nostro profilo migliore, il nostro sorriso migliore, e cerchiamo di convincere gli altri e anche un po' noi stessi che in fondo possiamo fare parte di questa grande farsa, per sentirci meno soli, meno sbagliati, meno diversi.

Allora, la prossima volta che vedrete quella foto perfetta, non credete a quello che vedete, perché se c'è una cosa di cui sono sicura è che le coppie perfette, le famiglie perfette, le mamme perfette non esistono. E i momenti più belli della vita vera sono offline.

Quel giorno parlavo anche di me.

Prima di avere figli ero un esemplare di ragazza sana che non sapeva neanche il nome del suo medico della mutua.

Poi sono rimasta incinta.

«Tieni, Julia, questi sono gli esami che devi fare.»

Esami? Quali? Perché?

COSÌ TANTI?

Da dove si comincia?

Dalla ASL, pare. Prima questione da risolvere: cambiare il medico, che non avevo mai spostato da una residenza di mille anni prima. Mi serviva un dottore a Milano.

E così, entro nel magico mondo della mutua.

E ne esco subito.

Decido ben presto (ovvero dopo una telefonata con tempi di attesa di un'ora, *rimanga in linea per non perdere la priorità acquisita*, e prima disponibilità dopo sei mesi. Ehi, tra sei mesi probabilmente non sarò più neanche incinta!) di fare tutto privatamente.

Tutto vuol dire anche i prelievi.

TUTTO.

Sfiduciata e delusa dal sistema sanitario nazionale, scelgo il ginecologo più caro della storia, con studio praticamente dentro il Duomo. Perché dovrei risparmiare? Ne va della salute del mio bambino! Non farò certo la tirchia sulla cosa più importante nella vita di una donna.

Non faceva una piega, era la cosa giusta da fare. Dovevo essere seguita bene. E per il mio bambino volevo solo il meglio. (Certo, so che non è così, ORA. So che non conta quanto paghi ma la bravura del medico. So che non servono tutti i millemila esami che ho fatto con Chloe e lo dimostra il fatto che per Chris il primo esame l'ho fatto praticamente alla vigilia del parto. Ma vai a spiegarlo alla piccola e insicura e ansiosa Julia alla sua prima gravidanza. Provaci. Risultato? Dottore a braccetto con la Madonnina.)

Oggi so che con quei soldi avrei potuto comprarmi un appartamento (sto esagerando, ma ogni tanto bisogna dare un po' di enfasi). Ma all'epoca pensavo di aver fatto la scelta più giusta della mia vita. Che sarà mai un appartamento se il bambino non cresce bene?

Mi immergo quindi in questa serie di accertamenti e mi scopro ben presto ossessionata da tutti gli esami del mondo. TUTTI. Prelievi, screen prenatali, DNA... Ho evitato giusto l'amniocentesi perché il ginecologo ha avuto l'accortezza di opporsi, data la mia giovane età.

Di colpo ero diventata super super (SUPER) ansiosa. Dovevo avere la certezza che fosse tutto a posto, che andasse tutto bene (prova a spiegarlo alla piccola e insicura e ansiosa Julia di cui sopra che la certezza non si può avere).

Non ero mamma, non ne sapevo niente, ero in quel limbo tra il prima e il dopo, con l'illusione di poter programmare tutto e avere la situazione sotto controllo. E così ho speso milioni di euro in analisi inutili, con quell'assurda presunzione di poter controllare qualcosa, come affrontare l'uragano Katrina con un ombrello in mano, insomma.

Poi è nata Chloe. E magari era solo ansia da gravidanza, una reazione bizzarra agli ormoni. Macché.

All'università ho fatto biotecnologie mediche, e ho preso un 30 e lode in patologie infettive. Casa mia era come il RIS di Parma. Ero ossessionata da qualsiasi virus o germe potesse intaccare la mia meravigliosa e profumatissima e sanissima bambina appena nata.

Le ho fatto fare qualsiasi screening neonatale esistente (scusami, Chloe, la mamma era strana).

Elettrocardiogramma, encefalogramma, ecografie che monitorassero la posizione di ogni singolo organo... Un livello maniacale. A tal punto che però, mi va riconosciuto, per i primi due anni di vita Chloe non ha preso neanche un raffreddore. Avevo tra le mie braccia la bambina più sana della storia dei bambini. Ed era merito mio. E del pediatra, che pagavo in lingotti d'oro.

Sì, perché naturalmente, crogiolandomi nella mia psicosi, ho cercato il dottore migliore anche per lei. Dopo le prime tre visite con il pediatra della mutua, mi sono convinta di aver bisogno di un luminare. O anche di uno che non mi facesse stare nella sala d'aspetto in mezzo ad altri bambini malati, come quello della mutua, appunto. Gli ho dato del pazzo, dell'incosciente. Io e la mia bellissima bambina sana non potevamo stare in mezzo ai batteri e ai virus di chi non era altrettanto sano, rischiando di ammalarci. Ma si può essere così incoscienti? (Ero seria e ci credevo.)

Mi attacco quindi a internet.

Trovo un super medico che ha scritto dei super libri e delle super linee guida di salute. Passo le notti a seguire le sue conferenze, ore e ore in cui il luminare parla di virologia a medici di tutto il mondo. Incappo anche in discussioni molto tecniche, che purtroppo o per fortuna grazie ai miei studi sono in grado di seguire. Ma io dico, studiare filosofia no?

Giravo tutti questi preziosissimi link anche a Paolo. Lo frastornavo con discorsi sul Rota virus e le statistiche africane che parlano di mortalità neonatale con dati ultra preoccupanti. Lui annuiva e diceva sì sì. Probabilmente pensava fossi impazzita. Probabilmente lo ero.

Decido che quel luminare deve diventare il pediatra di Chloe. Il MIO pediatra.

Sono così ostinata e caparbia che trovo il suo numero, o meglio, quello di una delle sue quindici segretarie. Chiamo, gentile e tranquilla. Mi risponde che c'è posto a marzo del 2020. Ahahah! SCHERZIAMO? Lo devo avere subito, lo devo vedere. Lui deve vedere la mia bambinaaaaa. «Signora, ma si compri il libro!» dice lei. Ora ti sbranoooo, dico io.

Poi il colpo di fortuna. Scopro che il luminare lavorava anche in una clinica privata fondata dal nonno di una mia compagna di liceo. Con cui ovviamente avevo perso ogni tipo di contatto. Fa niente! Riesumo il numero di telefono, chiamo a casa sua «Pronto, signora, c'è Rosa?», sua madre mi dà il numero di cellulare, chiamo Rosa «Ciao, come stai, quanto tempo», e le spiego la DRAMMATICA situazione. Ti prego chiama tuo padre, tuo nonno, il re d'Inghilterra, chi vuoi, ma ti prego aiutami.

La cosa più pazzesca di tutta questa storia è che Rosa mi asseconda. E chiama davvero suo nonno.

In un attimo ottengo il mio appuntamento. Per soli... 850 EURO! Ma chi sono io per non spenderli per il super luminare che curerà per sempre la mia super bambina? (Pazzia, sì, si chiama pazzia. Capite quando dico che le neomamme hanno bisogno di supporto?)

Vado alla visita. Per carità, scrupolosissima, niente da contestare. Mi dice tutto quello che devo fare, nel dettaglio, per far star bene la mia bambina. E non sbaglia: Chloe davvero non si è mai ammalata.

Dopo due anni ho iniziato a mollare un po' il colpo e a fare di testa mia e... sì, si è ammalata. Ma ormai stavo rientrando nella normalità, leggi salute mentale, potevo sopportare che le venisse qualche linea di febbre.

Ora, lo giuro, sono più equilibrata. Ho una pediatra privata normale. Ho un rapporto con virus e germi normale (ok, quasi). Il luminare è rimasto il mio guru e punto di riferimento, lo vedo una volta all'anno, giusto per un controllo di routine. Ma quando si ammalano, chiamo la dottoressa normale. E, incredibile, solo quando serve!

Mi prendo un altro merito, non tutte le pazzie vengono per nuocere. Chloe, nei primi due anni, non si è neanche mai fatta male.

Le ero talmente addosso, ero talmente presente che non si è mai neanche sbucciata un dito. Ammetto che non è spericolata. Non è una di quelle bambine che si lanciano dal divano o si arrampicano sui caloriferi. Ma in ogni caso avevo sempre gli occhi su di lei: non avrebbe potuto.

Non ho mai dovuto portarla al pronto soccorso (in mezzo a tutti quei germi? Ma stiamo scherzando?). Ma ovviamente al pronto soccorso ci siamo andati. E guarda caso, la nostra corsa in ospedale coincide con la prima volta che è stata con suo padre da sola per due ore.

Aveva due anni. Quella mattina dico a Paolo di portarla al parchetto. Era a casa dal lavoro, perché non avrebbe dovuto? L'area giochi è a cinquanta metri di distanza. Ce la poteva fare e soprattutto ce la potevo fare io. Non che ne provassi il bisogno, ma a furia di sentirmi dire quanto è importante che padre e figlia vivano dei momenti esclusivi, da soli, quanto fa bene al legame che si può creare tra loro, insieme da soli non stanno mai, bla bla bla, cedo.

E dico andate. Se si deve creare questo legame... creiamolo.

Sono in casa, sto facendo la doccia, metto la crema sui capelli, un impacco di dieci minuti, mi sciacquo, canto. Dio che relax. Mi asciugo, mi spazzolo i capelli. Mi vesto. La casa è nel silenzio, va tutto così bene. *Dlin dlon*. Oddio, ecco è successo qualcosa, perché suona il citofono? Non aspetto nessuno. Dai, Julia, sei una pazza paranoica, non perdere la lucidità, sarà il postino!

Apro la porta e trovo MIA figlia in un bagno di sangue. La mia bambina perfetta è una maschera rossa! Per due anni l'ho protetta, accudita, SALVATA, e lui me la riporta ferita? Nonostante le urla dentro al mio cervello, intervallate da apnee e panico, mantengo la calma e sorrido alla mia Chloe adorata, abbracciandola e parlandole piano: «Bananina, ti sei fatta la bua? Non è successo niente. Adesso andiamo da una mia amica che è magica e ti fa una magia magica e guarisci».

Saliamo in macchina, corriamo, mantenendo

un sorriso serafico davanti alla piccola Chloe. Direzione pronto soccorso. A Paolo non dico niente, resto muta. Se iniziassi a parlare lo distruggerei.

Solo dopo ho scoperto cos'era successo. L'aveva attaccata agli anelli, spingendola e facendola dondolare. Avendo lei DUE ANNI, ha tenuto molto poco la presa.

È caduta di faccia. SBAM.

Arriviamo al pronto soccorso, le fanno le lastre, Chloe è super tranquilla (vorrei anche vedere: fino a quel momento aveva conosciuto solo dottori da 850 euro, si fidava molto della categoria). Non ha fratture, sta bene. Ci dicono di tornare a casa.

E lei giustamente chiede: «E la magia?».

Oddio, è vero, la mia amica magica che fa la magia magica. Niente paura, ora la troviamo. E così fermo una signora nel corridoio (un'inserviente). E inizio la mia recita. «Ti ho trovata finalmente, ma dov'eri?» La signora mi guarda basita. «Guarda, Chloe, è lei la mia amica magica!» La signora mi guarda come se fossi scappata dal reparto di psichiatria. «Amica mia, fai la magia così la mia Chloe guarisce!» «Cos'è che devo fare?» Oddio, signora, su, non ci vuole un genio. «La magia!!! Quella per far guarire i bambini, NO?» Lei alza gli occhi al cielo, poi guarda Chloe e dice «*Bidibi bodibi du*. E ora ciao, che devo lavorare». Io sgrano gli occhi, ho paura che Chloe ci rimanga male. E in effetti qualcosa dice. Sorridendo però. «Mamma, sono *gualita*!»

Tutto è bene quel che finisce bene. O quasi. Quel che ho detto a Paolo poi, nel silenzio della notte, continua a essere non trascrivibile, anche ad anni di distanza.

Facevo sempre vacanze bellissime.

La Julia Elle in giro per il mondo è sempre stata la versione di me che preferivo.

Viaggiavo tanto anche per lavoro. Alberghi a dodici stelle, posti incredibili. Ero così abituata a viaggiare che i miei bagagli contenevano esattamente l'indispensabile, a seconda dei giorni di permanenza.

Ho sempre preparato le valigie all'ultimo momento. Il beauty case invece era sempre pronto: ne avevo solo uno, che non svuotavo una volta rientrata a casa, sapendo che molto probabilmente sarei dovuta ripartire di lì a poco.

Vestiti, scarpe, accessori. Non avevo mai dubbi su quello che mi sarebbe servito. E due cose in più, di scorta, sempre. Per il non si sa mai. E se mi fossi accorta di aver bisogno di altro, avrei sempre potuto comprarlo. Ero super organizzata. Livello pro. E livello snob, anche. All'aeroporto non tolleravo chi mi faceva perdere tempo. Come fai a non sapere che devi tirare fuori dalla borsa le apparecchiature elettroniche, per il metal detector? Perché non hai preparato le bustine trasparenti per i liquidi? Perché io per la tua incompetenza devo perdere minuti preziosi? (E con preziosi intendo minuti che avrei trascorso annoiandomi sull'aereo...). Io passavo in quattro secondi.

Odiavo i bambini. Non è vero, sto esagerando. Mai odiati i bambini. Diciamo che odiavo i genitori. Viaggi lunghi, destinazione America, ma posso avere accanto o dietro o davanti un bambino urlante? Perché tuo figlio mi deve strillare nelle orecchie per otto ore? Perché non sapete educare questi bambini? MALEDUCATI!

Quando non hai figli non lo sai, non puoi sapere, che non è colpa dei genitori. Non puoi capire quella povera donna che si vergogna come non mai di aver messo al mondo quel moccioso che urla dal decollo all'atterraggio e rovinerà il viaggio a tutti eppure NON CI PUÒ FARE NIENTE!

Non lo sapevo. E quindi colpevolizzavo tutti, ero antipatica. Decisamente intollerante. Decisamente "Juliacentrica". Esistevo solo io, con le mie cose. E se il bambino per errore mi toccava i capelli, mi giravo tipo Medusa, pronta a impietrire la madre con un solo sguardo.

Non avevo idea di niente.

E allora è giunto il momento di dire MI DISPIACE. Mi scuso con tutte le mamme che ho impietrito negli anni. Lo faccio pubblicamente. Perdonatemi. Mi viene da piangere. NON POTEVO SAPERE! Sono come voi. Sono ESATTAMENTE come voi. Una di voi, ora lo so.

All'arrivo di solito c'era un autista che mi aspettava per portarmi a destinazione. Io – il ricordo quasi mi imbarazza – mi sentivo stanca. Ero convinta di essere stanca. Dopo tredici ore di volo in cui mi ero guardata due film dall'inizio alla fine, senza interruzioni. In cui ero stata seduta a mangiare, da sola, in silenzio, senza dover raccogliere briciole. Sorseggiando anche un bicchiere di spumante. In cui avevo prima pisolato e poi dormito. Ecco, io pensavo di essere stanca. Ma STANCA DI COSAAA?

Adesso pagherei una cifra folle per stare tredici ore seduta, a guardare film e mangiare. Quella sarebbe la vacanza!

Eppure ero stanca, stressata persino. Non parlavo con l'autista perché l'unico pensiero era andare a riposarmi in albergo, se no non ce la facevo, ero ESAUSTA. Dovevo prenotare subito un massaggio per riprendermi.

Tranquille, non siete le uniche ad aver voglia di strangolarmi, lo farei da sola.

Il viaggio in aereo più lungo che ho fatto con i miei bambini è durato cinque ore. Non mi sono buttata giù solo perché non ho trovato il paracadute. Le uscite di sicurezza le avevo a portata di mano.

Ero con mia madre che, se già come madre era la meno madre del mondo, figuratevi come nonna: non li ha mai tenuti. Ma durante il volo non poteva scappare da nessuna parte e così, con la scusa della pipì, mi sono chiusa in bagno e lì sono rimasta per una ventina di minuti. A riposarmi. Mento sulle mani, sedere sulla tavoletta. Io, quella che era troppo stanca per parlare con il driver. CERTO.

E i bagagli con l'indispensabile? La prima volta che ho preparato un viaggio con Chloe mi sono resa conto della quantità di roba che avrei dovuto portare. Sterilizzatore, biberon, i ciucci, i pannolini... MA LA GENTE COME FA? Era un trasloco. Di cose solo sue. E così la prima volta che ho viaggiato con Chloe ho lasciato a casa tutte le mie cose, mutande comprese. Da lì poteva solo migliorare.

Sono una che mangia sano, a periodi.

Cresciuta con una vegetariana super zen, ho sempre alternato la buona alimentazione alle schifezze, fin dall'adolescenza. Viaggiando tanto, poi, era quasi inevitabile fare un po' e un po'. Ci sono periodi in cui mi abbuffo e altri in cui mi tengo. Ma tendenzialmente ho sempre mangiato quello che mi piaceva.

Nella mia leggera psicosi ossessiva post figli vado in tilt (l'avreste mai detto?). Mi porto dietro da sempre un problema di salute che può provocarmi un'insufficienza renale, motivo per cui dovrei più o meno costantemente controllarmi nell'alimentazione. Una volta diventata mamma, è scattato in me un fortissimo istinto di sopravvivenza della serie MIO DIO NON POSSO MORIRE ORA, non posso lasciare Chloe da sola. Ovviamente non c'è alcun pericolo, ma io mi convinco che devo sopravvivere. Almeno per i prossimi due milioni di anni. DEVO DIVENTARE IMMORTALE.

Ecco quindi che studio una dieta sana a livelli esagerati (o patologici, se preferite).

Non concepivo vie di mezzo. Oggi so che, se la base dell'alimentazione è sana, si può anche sgarrare. Ma in quel momento no, non era ammissibile uscire dalla mia super dieta biologica dove tutto era biologico.

Se andavamo al ristorante e non c'era (o ritenevo non ci fosse) cibo di mio gradimento (non per il gusto, ma per la provenienza), ero capace di non mangiare nulla e aspettare di tornare a casa per alimentarmi nel modo corretto (giuro l'ho fatto, più volte, e sì, i camerieri mi guardavano, ANCHE LORO, come una pazza).

Non potevo permettermi di ammalarmi.

Non posso permettermi di ammalarmi.

Ero diventata fanatica. Come non ricordare quel cestino di fragole rosse e profumate pagato 28 euro? Avevo la tessera gold di quella famosa catena bio, la commessa in cassa ormai faceva parte della famiglia.

Oggi mangio sano. E faccio strappi alla regola, con molta consapevolezza. Più sano, che biologico. Le fragole ho ricominciato a pagarle 3 euro.

Mentirei se dicessi che non tengo al mio aspetto.
So bene che non conta come sei fuori, che le apparenze non contano, e che la cosa importante è sentirsi a proprio agio con se stesse e il proprio corpo. Ok. Ma...

Nella mia vita da single, quando avevo una casa da single e nessuno a cui badare, nella mia cabina armadio (che perdonatemi, ma già mi fa commuovere pensare di aver avuto una cabina armadio) avevo un beauty desk. Sapete tutte cos'è? Ripassiamolo insieme. È una postazione, un tavolo, con uno specchio grande come la fontana di Trevi con tutte le luci attorno, apposta per farsi il make up, e quei cassettini e divisori per i prodotti di bellezza.

Ora piango.

Avevo un luogo fisico dedicato, dove prepararmi, comoda, seduta. Lavorando nel mondo dello spettacolo dovevo essere sempre curata. Ehi, ma io lavoro ancora nel mondo dello spettacolo...

Non dovrei vederla così anche adesso? Farlo anche adesso? Evitiamo di cercare risposte sensate.

Comunque. A quei tempi non potevo presentarmi se non ero al mio massimo. Perfetta. Avevo un appuntamento alle 18? Dalle 15.30 iniziavo a prepararmi. NON STO SCHERZANDO. Prima di fissare qualsiasi impegno, la mia ex agente doveva tenere conto di queste tempistiche.

Avevo bisogno di: fare uno scrub, lavarmi, lasciar agire lo shampoo curativo, fare una maschera ai capelli. Mettevo una roba in testa da tenere in posa per VENTI MINUTI. Qualcuna di voi si ricorda com'è stare venti minuti in attesa nella doccia, senza pensare di essere in ritardo su qualcosa? Senza avere qualcuno che da fuori alita sul vetro? Io no. Venti lunghissimi minuti in cui stavo lì, a riflettere sulla mia esistenza.

Dentro una doccia, nuda e bagnata, a pensare a cose della mia vita, perché I MIEI CAPELLI SI STAVANO IDRATANDO.

Respira, Julia, respira.

Finita la doccia, dovevo OVVIAMENTE farmi la piega. Un'ora dedicata a fare la piastra, mettere i cristalli liquidi. E gassosi. E solidi. E quando alla fine sembravo appena uscita dalla pubblicità di uno shampoo professionale, mettevo le mie mollettine per non rovinare il lavoro e mi truccavo. Sceglievo il look, quindi cominciavo dallo skincare, mettevo il siero, l'antiocchiaie, la cremina idratante. E poi il primer e il fondotinta... NON AVEVO UN CAZZO DA FARE.

Ero capace di guardare mezz'ora di tutorial in coreano per imparare un nuovo modo di truccare le sopracciglia.

Mani e piedi sempre perfetti, smalto semipermanente, parrucchiere cento volte al mese, massaggi, trattamenti snellenti o tonificanti. Luce pulsata, addio peli.

Tutto questo, molte volte, solo per portare il cane al parco sotto casa.

Non so se odiarmi o compatirmi.

Adesso è già tanto se mi ricordo di spazzolare i capelli dopo lo shampoo secco, la più grande scoperta dell'età adulta. Dove sarei oggi se non avessi incontrato quella mamma al parco?

Racconto: un giorno arrivo al parchetto, con la mia aria stravolta e i capelli unti. Accanto a me si siede un'altra mamma e iniziamo a parlare. Noto subito che ha i capelli puliti. «Quindi tu stai meglio di me» le dico. E lei ride. «Macché, io uso lo shampoo secco.» SHAMPOO CHE?

È stata una rivelazione incredibile senza la quale probabilmente oggi non avrei vita sociale. Capito il trucco? È l'invenzione del secolo. Basta ricordarsi di spazzolarlo.

Un giorno l'ho fatto, sono uscita di casa senza averlo spazzolato. Sono andata in giro per dodici ore con delle righe bianche sulla testa come fossero capelli bianchi. Avevo 27 anni e i capelli da anziana. Al rientro ho pianto.

Una volta ho girato una pubblicità con Ilary Blasi. Quando sono arrivata dalla truccatrice l'ho guardata in lacrime e l'ho implorata di sistemarmi. Rivedendo oggi quella pubblicità capisco un'unica grande verità: Ilary aveva la tata, io no.

Mi piace anche essere magra. Anzi, in forma.

Non è questione di chili in più o in meno, non ne ho mai fatto una malattia.

Mi alleno, mi piace sentire che il mio corpo sta bene. E poi semplicemente faccio attenzione a non aumentare troppo nei periodi in cui mangio in modo più squilibrato.

Eppure ammetto che non sono stata attenta ai chili che prendevo in gravidanza. Ho mangiato tanto, ho mangiato fino al punto che non avrei potuto mangiare di più. Ho mangiato cose che ora non mangerei mai. Credo si chiamino voglie. Le schifezze più impensabili.

Sono ingrassata. E poi sono dimagrita.

La nausea più nauseabonda dell'universo dei primi quattro mesi mi ha sicuramente aiutata a non prendere troppi chili. Certo, nei cinque mesi successivi ho recuperato a pieno ritmo. Ma, ringrazio il mio corpo o forse è stata solo fortuna, come sono arrivati, i chili se ne sono andati.

Non senza far nulla. Mi sono rimessa in forma

con il web, un programma progressivo, tre allenamenti settimanali, e sono tornata quella che ero, di nuovo in forma, soddisfatta anche per tutto l'impegno che ci avevo messo. E proprio in quel momento, a programma concluso... sono rimasta incinta la seconda volta. Altro giro altro regalo.

Allenarsi fa bene. E con Chris ho scoperto che anche allattare aiuta. Sono tornata al mio peso iniziale in molto meno tempo. Il grasso che una mamma accumula in gravidanza è finalizzato proprio al nutrimento del suo bambino. Con Chloe era stato più difficile. Con Chris, un gioco da ragazzi. Meno male.

Dire che ero fissata con l'abbigliamento è poco.

Prima di diventare mamma compravo almeno un outfit a settimana, non sto esagerando. Ero davvero una compratrice seriale. Adoravo fare shopping. I miei soldi li spendevo tutti così. Che altro avrei dovuto fare? Ero da sola, non dovevo rendere conto a nessuno, i vestiti erano la mia passione. Non avevo altri hobby. Il mio hobby era trascorrere il tempo libero nei negozi. E così, ero sempre vestita benissimo.

Mangiavo fuori almeno una volta al giorno e non capitava MAI che avessi lo stesso vestito. Ogni volta che andavo al ristorante dovevo indossare qualcosa di nuovo, qualcosa che mi faceva sentire bella.

Le cose belle mi hanno sempre fatto sentire felice. Forse succede a tutti. O forse no. Io adoravo vestirmi bene. Non parlo necessariamente di cose di marca: ero piena di capi deliziosi trovati nei negozietti, ma mi innamoravo anche della maglietta di Zara. Quello che mi piaceva era sentirmi a posto, con il mio gusto. Ci sono stati periodi in cui ho potuto comprarmi tantissimi capi firmati, altri in cui creavo abbinamenti economici senza che nessuno si accorgesse che lo erano. Mi piaceva sentirmi bella. E poi ho sempre amato le borse, ho fatto pazzie per le borse. Così come per le scarpe. Mai per gli altri. Sempre e solo per me.

Collezionavo scarpe e borse bellissime.

E forse è questo il motivo per cui mi è pesato così tanto il cambiamento.

Nella vita "di prima" era praticamente impossibile che io uscissi di casa con leggings e scarpe da tennis. Neanche le avevo le scarpe da tennis! Ricordo quando mi iscrissi in palestra e andai alla lezione di prova passando prima in un negozio sportivo, perché non avevo niente per fare allenamento.

Leggings e scarpe da tennis oggi sono la mia uniforme.

Apro l'armadio e sento l'eco della parola "tuta" risuonare tra le ante. Tuta, tuta, tuta.

Mentre laggiù in fondo, sommersa da sette felpe stropicciate, vedo la scatola delle mie meravigliose Louboutin, acquisto dettato da pura follia, o forse si chiama amore.

Le ho messe una volta sola, un'unica volta.

Amo ancora sentirmi bella, amo ancora vestirmi bene. Ma, credo sia normale, passo più tempo a cercare vestiti per loro che per me. Amo spendere più per loro che per me. Come buon proposito però ho deciso che è ora di ricominciare a vestirmi come dico io, anche se è solo per andare al parchetto.

Ho ricominciato ad andare nei negozi. Non sempre, non più come prima. Decisamente non come prima.

Certo, è importante che mi riabitui anche ad affrontare le commesse. Perché le poche volte che vado a comprarmi qualcosa da sola vengo puntualmente circuita da quella categoria di super professioniste che ti puntano già quando sei davanti alla vetrina. Sono rare, ma sono bravissime. E quando si accorgono di te è la fine. Sono lì, dentro al tuo negozio preferito. E lo capiscono subito che tu sei la loro prossima preda. Sanno che vuoi comprare. Che è tanto che non lo fai. Ne sentono l'odore, come un leone che punta una gazzella in mezzo alla savana. Ti lasciano avvicinare, ti sorridono. E mettono in atto la loro tattica. Che non è assolutamente iniziare a parlarti. Sanno che in quel caso te ne andresti subito, MICA TI FAI ABBINDOLARE TU. No, loro ti osservano, studiano i capi che vai a provare in camerino. E quando esci, eccole lì, ti parlano con tono confidenziale, come stai bene come sei bella. La fregatura è dietro l'angolo. Che ne dici di provare questo? Ti starebbe benissimo. E tu lo provi, perché non andando mai a fare shopping hai anche un po' voglia di giocare e, incredibilmente, hanno ragione. Ti sta benissimo. Così inizi a fidarti e senza neanche accorgertene sei in cassa, lei riempie il tuo sacchetto, ti dice il totale, tu sbianchi, ma a quel punto sei obbligata a pagare. Paghi. Sei anche un po' contenta. Ma no, non è più come prima, quando spendere ti dava gioia. No, ora c'è un senso di colpa che non avevi mai provato. C'è la sensazione di aver speso troppo.

Poi ti dici, va be', capita una volta ogni tot mesi, sei sempre chiusa in casa, dai, te lo puoi permettere. E poi, SERVE PER IL TUO LAVORO (la scusa migliore). Lo indosserai sicuramente domani, davvero ti serviva tantissimo.

E così torni a casa. Riponi tutto nell'armadio. Oddio quante cose bellissime.

E il giorno dopo ti rimetti la tuta.

Ho voglia di ricominciare a vestirmi bene. C'è margine per migliorare sul come.

Non si può dire che io fossi ordinata.

Prima dei figli non avevo idea di cosa volesse dire prendermi cura del mio ambiente. La signora che veniva da me a pulire, un giorno sì e un giorno no, non si capacitava di come in 24 ore riuscissi a far esplodere la casa.

La mia priorità ero io, e io ero abituata agli alberghi. O semplicemente ero davvero viziata. Mi facevo la doccia e mollavo tutto sul pavimento del bagno, mi truccavo e lasciavo tutto lì, sceglievo un vestito, gli altri sparsi sul letto.

Inizio a capire che mi serve un metodo quando rimango incinta e smetto di lavorare. Non ho più soldi per la donna delle pulizie. E Paolo mi fa notare che gli asciugamani a terra devo tirarli su io.

Non ho mai avuto una casa ordinata.

Pulita sì, quello sempre. L'igienizzante ammazza germi e batteri era ovviamente parte fondamentale del kit del mio appartamento. Semplicemente non ero io a usarlo. Quando la signora delle pulizie se ne è andata, mi ricordo esattamente cosa ho pensato, con le mani per la prima volta infilate nel gabinetto. Ho quest'immagine vivida di me con i guanti, che pulisco la tazza del cesso e sento la voce di mia madre: "Te l'avevo detto, Julia, studia o ti troverai a pulire i bagni". Eccomi lì. Non mi piace pulire. Mi piace il pulito.

Con tantissima fatica sono diventata ordinata. Mi piace l'ordine. Ma non solo: con i bambini mi sono ben presto resa conto che se non sei ordinata rimani sepolta in casa, come in quel reality dove accumuli accumuli e ti ritrovi circondata, imprigionata dalla roba. E quindi o trovi il modo di mettere a posto... o arriva l'ASL.

Ed eccomi qui, noiosamente ordinata. Cerco di tenere tutto a posto, dedico un sacco di tempo a tenere a posto. Ho capito che se prima non me ne fregava nulla era solo perché non amavo la mia casa. Non era una "casa", era il luogo da cui uscivo al mattino e in cui rientravo alla sera, forse. Ora è il mio nido, il nostro nido. Ci passiamo tantissimo tempo, quasi tutto il tempo, e voglio starci bene. Ho girato un video per la mia pagina Facebook in cui racconto un'esperienza comune: prima dei figli tutto perfetto, poi il delirio. Per me, in realtà, è andata all'opposto. E mi sento meglio a essere diventata così.

Parliamo ora di uno degli argomenti preferiti da mamme e bambini: lo spannolinamento.

Anzi. L'INCUBO orribile e spaventoso dello spannolinamento.

Con chiunque ne parlassi, chiunque ci fosse già passato, non facevo che sentirmi dire quanto fosse stato facile, quanto fosse filato tutto liscio. «Guarda, la mia bambina perfetta era pronta praticamente sette mesi fa, sono io che ho aspettato, ma poi in tre giorni non sporcava più nulla.» «Guarda, forse per la *cacchina* ci metterà un po' di più, ma in un paio di settimane MASSIMO sei a posto.» «Guarda, il mio bambino intelligentissimo se la sarà fatta addosso una volta sola, non credevo fosse pronto per la notte e invece...»

Che meraviglia, pensavo. Com'è facile, pensavo.

Dai, allora visto che tra tre settimane dobbiamo partire per le ferie, io glielo tolgo, così al mare non ci pensiamo più.

BUGIARDI.

Mi hanno ingannata tutti.

Siamo andati avanti fino a Natale.

Ha fatto pipì sul seggiolino della macchina. A un matrimonio. A casa di mia madre. A casa di mia suocera.

Si è fatta la cacca addosso nei posti più incredibili.

È stato davvero un incubo.

Che io ho vissuto malissimo.

Mi sono rivolta alle fonti ufficiali: l'ennesimo libro per genitori. Il giorno in cui decido di cambiare lavoro apro una libreria pedagogica. Ho volumi per tutti i generi e tutti i gusti.

Libro in una mano, portatile nell'altra, ho provato tutto quello che dovevo provare.

Ho accettato la pipì e la cacca in tutti i luoghi e in tutti i laghi, senza mettere fretta. Niente.

Senza colpevolizzare. Niente.

Facendole però capire che era sbagliato. Niente.

Ignorandola. Niente.

Promettendole il regalo più bello del mondo. Niente.

Piangendo disperata, ti prego Chloe smetti di fartela addosso. Niente.

Poi finalmente ha iniziato a farla nel water. Miracolo!

E lì è nato Chris.
Benvenuta regressione.

La gente dovrebbe imparare a essere sincera. Spannolinare può essere tremendamente, infinitamente, disperatamente difficile.

Ho uno strano rapporto con il dolore. Diciamo che lo odio.

Una volta mi sono bruciata il collo con la piastra per i capelli e ho pianto. Un'imbecille.

Un'altra volta ho preso la bici per rimettermi in forma. Ho fatto 40 chilometri e sono tornata indietro. Alla sera mi facevano malissimo le gambe. Ho chiamato il mio ragazzo di allora: «Tommaso, ti prego, mi devi portare in ospedale, sto malissimo». Tommaso ha mollato il lavoro, ha preso la macchina, mi è venuto a prendere, mi ha portato in ospedale. Perché a me facevano male le gambe. (Ricordatemelo, perché l'ho lasciato?) Mi hanno guardato come una pazza, dato del cortisone e un antidolorifico, rimandata a casa. Io nel frattempo lacrime su lacrime.

Avevo il terrore del parto, quindi potete ben immaginare.

Come farò a sopravvivere al dolore, pensavo. Come minimo urlerò, mi lancerò dalla finestra.

Ero preparata sul tema, avevo visto tutte le puntate del reality in sala parto, ero consapevole di tutte le complicazioni.

E invece... mi sono scoperta molto diversa. Non ho mai urlato, non ho dato di matto.

Nessuna delle due volte.

Sentivo le altre che urlavano. Io non parlavo neanche. Ero molto introspettiva. Come un fachiro. Come su un letto di chiodi, esatto, ma in apparenza tutto bene.

Ovviamente questa mia capacità di tenermi il dolore dentro mi si è ritorta contro, perché dopo, quando chiedevano a Paolo com'era andata, lui rispondeva "una passeggiata". QUASI, EH.

Non aveva colto che forse non urlavo perché NON AVEVO LA FORZA DI URLARE. Come quando un camion ti sta investendo e non riesci a muoverti. Ecco, io stavo così.

Il mio primo parto è stato molto meno doloroso del secondo. Chloe era piccolina. Pesava 2240, il mio scricciolo (per la cronaca, Chris 3300).

A livello medico è andato tutto molto bene. E a me importava solo questo.

Certo, da Chris sono arrivata con il ricordo di un'esperienza "fattibile". Ecco, anche no, non era fattibile per niente. Ma è andata bene, ed è l'unica cosa che conta. Il dolore si dimentica, la felicità no.

Paolo mi è stato vicino tutto il tempo. Utile come la sabbia al deserto.

Guardava il monitor delle contrazioni e con un entusiasmo infantile le incitava ad arrivare. «Guarda, guarda. 100, 100!» Ma che è? *Ok, il prezzo è giusto*? Vedi Iva Zanicchi da qualche parte? Non ne avevo la forza, ma se avessi potuto lo avrei preso a pugni. Contrazione, dolore e «Guarda amore: CENTOOOO». Poi chiediti perché con Chris ho voluto partorire da sola. Grazie, basta il pensiero, va bene così.

Credo fortemente nell'inutilità dell'uomo in sala parto. Ma magari sono stata sfortunata io.

Cioè magari gli altri uomini dopo sei ore di contrazioni non mollano la propria compagna per andare a fumare una sigaretta, senza avvertire nessuno.

Paolo invece se ne va. «Torno subito, eh. Ho voglia di una sigaretta.» Esce, non dice all'ostetrica che se ne sta andando. Nessun problema, a parte che io in quel momento sento che sto per partorire. E non riesco a raggiungere il telefono né a urlare.

Oh no, ecco, lo sapevo, partorirò qui da sola, non ci sarà nessuno... Mi prende il panico. Per fortuna con un piede riesco ad afferrare il telefono. Ed eccomi lì per terra, come un verme, con le spinte. E un telefono nel piede.

Riesco a prenderlo in mano, chiamo il mio adorabile compagno e con l'estrema calma che mi contraddistingue nei momenti di panico gli dico «Amore, per favore, puoi venire? Sto partorendo da sola». «Finisco la sigaretta e arrivo.» FINISCI LA SIGARETTA E ARRIVI? Non so come, ma rimango calma. Calmissima. Va bene grazie, vieni presto però.

Lui arriva, chiama le ostetriche. Le ostetriche chiamano tutti.

Ore 7.19, Chloe nasce.

Sono le nove del mattino, mi portano in stanza. Paolo mi guarda e dice: «Scusa, ma devo andare a casa qualche ora. MI DEVO RIPOSARE. Ci vediamo domani.»

Sì, ci ho fatto anche un secondo figlio.

Paolo non c'è mai stato molto.

Io ero felice, ma il suo appoggio mi mancava. Mi è mancato in tante occasioni. Non solo quel giorno in sala parto.

Dov'era? Perché non era con me a godersi quel momento incredibile della nostra vita? Un album da completare era davvero più importante?

Non ha cambiato la sua vita di una virgola per me. I mesi di gravidanza li ho vissuti aspettando che tornasse dal lavoro. E quando tornava... c'era del lavoro da finire. Dopo la nascita di Chloe c'era tanto lavoro, di nuovo.

So benissimo che mi sono innamorata di lui proprio per il suo lato artistico, per quella parte di lui che sentivo specchio di me. Ma davvero non era possibile fermarsi e percorrere insieme il nostro viaggio a tre?

Io ho vissuto il mio sogno. E la sensazione non era male. Oggi so che avrei dovuto tenere gli occhi aperti e il cuore attento. Eppure la verità è che io in quel sogno ci ho sguazzato. Mi sono costruita il mio castello, mi ci sono incoronata regina e ho pensato fosse tutto perfetto. Come solo l'amore vero può essere.

Avevo trovato il mio principe azzurro, avevo il mio vissero per sempre felici e contenti a portata di mano. Sono cresciuta tra commedie romantiche di amori difficili e rincorsi, di anime gemelle che si incontravano per caso e si amavano come mai nessuno si era amato. Improvvisamente ero diventata la protagonista del mio nuovo film preferito. Il mio.

Condividevamo questa passione viscerale per la musica. Mi sentivo fortunata, privilegiata, ad aver trovato qualcuno così simile a me. Uguale a me. Non c'erano più luoghi da visitare o persone da conoscere. Non avrei mai più avuto bisogno di niente, c'eravamo io e lui. Che siamo diventati noi.

Saremmo potuti rimanere insieme tutta la vita, per me. Quello era il mio sogno. Quello era il mio castello. Di carte. Che al primo soffio di vento, ma anche un'alitata leggera, è venuto giù.

Mi ero fottutamente innamorata dell'artista, del regista, del nostro progetto. Non avevo capito niente dell'uomo.

Perché lo amavo?

Perché ero un'idiota.

Non era bello. Ma aveva gli occhi blu più belli che io abbia mai visto.

I suoi occhi mi hanno fregata.

Sono gli occhi di Chloe.

Capisco che è tutto fatto di cartone pochi mesi dopo. Si sgretola tutto piano piano. Ma io metto le mani sugli occhi e mi proibisco di vedere la realtà. Il mio sogno è molto più bello, non mi voglio svegliare. Non voglio scoprire di essermi innamorata di un'idea.

E pian piano mi ritrovo da sola.

Dice di amarmi. Continua a ripetermelo.

E io voglio anche crederci.

E ci credo quando vorrei qualcuno con me, di sera, sul divano, mentre mi cresce la pancia.

Ci credo alla domenica, quando rimango da sola a cercare il modello di culla adatto alla stanza.

Ci credo al mattino, quando mi sveglio e lui è già uscito e a me gira la testa e non riesco ad alzarmi per fare colazione.

Ci credo perché voglio crederci. E non esiste che abbia fatto un errore di valutazione, non lo posso accettare. Devo fare di tutto per far funzionare questo rapporto. Siamo la coppia più bella del mondo, no?

Resto. Non posso tollerare il fallimento, non lo considero neanche.

Se non può cambiare lui, allora cambio io, mi dico.

Ho cercato in tutti i modi di far rimanere in piedi quel castello.

Ma era tutto nella mia testa. Non ho ricordi di cose belle fatte per me. Ho il ricordo del suo studio, dove tutto era bellissimo. Io, lui, e le mille milioni di sigarette. Fumavo tantissimo in quel periodo. Avevamo tutto il tempo del mondo.

Avevamo la musica. Eravamo noi.

Era quello il mio castello perfetto.

Mi sono persa nel suo genio, ero la sua principessa nella torre, la magia era fatta di tasti neri e bianchi.

Ho goduto dei rari momenti di felicità aggrappandomici con le unghie in tutti quegli altri momenti in cui mi sentivo completamente sola.

Mi sono persa nel suo sguardo immaginando un mondo.

Non c'era nessun mondo.

Come quei libri finti, dove dentro non c'è niente. Ecco. Era solo una copertina incollata su una scatola vuota.

E il castello è crollato.

A un certo punto dell'idillio d'amore perfetto e incredibile che solo io nella storia dell'umanità avevo avuto il privilegio di vivere, mi è arrivata una bellissima proposta di lavoro.

Una radio nazionale mi chiama e mi chiede di seguire il giro d'Italia. Mi offrono tanti soldi e la splendida occasione di fare un'esperienza lavorativa per me nuova. E sfidante. E stimolante. E io? Io inizialmente dico no. Perché non voglio partire. Non voglio lasciare Paolo. NOI CI AMIAMO. Ora chiediamoci: ero in uno stato di salute mentale?

No.

Non volevo andarci davvero. Non me la sentivo. Poi però, per fortuna, il mio lato razionale ha bussato forte forte sul lato emotivo del mio cervello e i due hanno raggiunto un accordo. Due settimane di lavoro. Quindici giorni. Per tutti quei soldi potevo farcela. Dai Julia, parti.

E sono partita. Ogni giorno una tappa diversa, una città nuova, la diretta, lo spettacolo.

Arriva anche la tappa vicino a Torino. E mi viene voglia di chiamare un ex, con cui sono rimasta amica, per passare la serata in compagnia. Nessun pensiero, nessun secondo fine. Neanche da parte sua. Due amici che hanno voglia di bere una cosa insieme e andare a ballare, solo perché non si vedono da tanto.

Con la stessa serenità con cui ho chiamato lui, il giorno dopo lo racconto a Paolo. Lì per lì non capisco la sua reazione, fredda. Non capisco se è arrabbiato, geloso, o semplicemente disinteressato. Il telefono non me lo fa capire. E neanche lui, a domanda diretta. Non era mai stato geloso, mai mai mai (la chiamavo fiducia, probabilmente era disinteresse?), non capisco quindi che cosa gli stia passando per la testa.

Nelle sue frasi però sento chiaramente la parola "fastidio", che mi fa scattare come una molla premuta a terra e lasciata di colpo con il calcio di un bambino. Non lo vedevo da una settimana, mi mancava da impazzire, lo amavo da impazzire. Dovevo andare a farmi perdonare. (PERDONARE DI COSA?!)

Non ci penso due volte, mi sento splendida e incredibilmente romantica, vado alla stazione alle cinque del mattino nella mia prima e unica giornata libera di quelle due settimane di lavoro.

Sono lì, fra i treni in partenza e l'alba, e mi chiedo se è davvero il caso di partire e andare a fargli una sorpresa o se non è meglio rimanere lì a riposare. Rimango ferma davanti al tabellone dei treni. Penso, rifletto. Julia, devi decidere cosa vuoi davvero. Come se da quel viaggio dipendesse anche il mio futuro. L'amore o la carriera? Riuscirai ad avere tutti e due? È meglio andare a chiarire o restare sul posto lavoro? Indoviniamo tutti insieme cos'ho scelto?

VAI, JULIA, SEGUI L'AMOREEE!

Mentre me lo dico, l'altoparlante annuncia che il treno per Milano è in partenza dal binario 1. Inizio a correre, corro a perdifiato, devo salire su quel treno. Quel viaggio è diventato la cosa più importante della mia vita. ASPETTATEMIII!

Il capotreno fischia forte e fa fermare tutto, riapre le porte, mi fa salire sul treno che mi porta a Milano.

Ho scelto di andare a chiarire con Paolo. Ho scelto di fargli la sorpresa più romantica del mondo.

Ecco, la sorpresa gli è piaciuta e forse abbiamo chiarito un po' troppo...

Quello è il giorno in cui abbiamo concepito Chloe.

Quello che oggi chiamo il mio sliding doors.

Sarei dovuta rimanere a Torino?

Torno dal giro d'Italia e mi trovo tra le mani un test positivo.

Molto bene.

Ho sofferto.

L'iceberg l'avevo visto bene, inutile dire di no. Io ero il *Titanic*, la montagna di ghiaccio era lì. Io ero il capitano del *Titanic*: «Ma va', mica lo prendiamo quell'iceberg. Avanti tutta». Mi sono coperta gli occhi. Quando ho tolto le mani mi ero già schiantata. Cento, mille volte.

Era palese che non mi amava. Ero io che continuavo a credergli. Io ero lo struzzo con la testa sotto la sabbia: cosa importa se di fatto tutto quello che vuole è farsi gli affari suoi? Cosa importa se non pensa mai a me? Ogni volta che siamo insieme dice che mi ama.

Mi bastava. Ci credevo.

Cosa importa se mi parla dei miei difetti, delle cose che non gli vanno bene. Se mi fa vedere le altre su Instagram, quelle più belle di me (per lui, perché detto tra noi non erano poi così belle, però di fatto tutte erano l'opposto di me: più basse, più formose, più more).

Cosa importa se non mi credeva e minimizzava: io ero quella che in gravidanza semplicemente ingigantiva il malessere perché non aveva voglia di fare le cose, quella che voleva stare sul divano. Io, che se mi tieni ferma è come uccidermi. Per lui esageravo. Mi ha logorata per nove mesi.

Cosa importa se sottolineava che avevo perso il lavoro e quindi doveva pagare tutto lui (e mi sentivo così umiliata da voler scomparire).

È riuscito a umiliarmi anche il giorno del parto. Mentre avevo le contrazioni. Amore, ho scaricato l'app e le ho registrate, dice che ora dobbiamo andare. «Sì sì, finiamo il torneo!» Lui e un suo amico stavano giocando all'Xbox, belli comodi sul divano. E io ho davvero aspettato che finissero la partita, con le contrazioni regolari. L'ho lasciato finire. Per poi arrivare in ospedale e sentirmi dire: «Ah, ma ti ricoverano davvero? Partorisci ora? Stanotte? Non stavi esagerando?», con quello sguardo incredulo di chi ha appena scoperto che le contrazioni le avevo davvero. MA VA?

Ho provato a lungo, molto a lungo, a rimettere in piedi il nostro rapporto, quello che io avevo idealizzato, soprattutto.

Un giorno, dopo aver guardato un film di quelli romantici e super motivanti, decido che sta a me fare qualcosa, dare uno scossone. Forse ero io che mi ero lasciata troppo andare con la maternità? E per questo lui mi vedeva brutta. Non ero più la stessa Julia dal giorno che si confonde con la notte.

Era colpa mia.

Eccomi allora diretta al nuovissimo store di Victoria's Secret. Faccio ancora la mia porca figura, non devo far altro che indossare uno di quei completini meravigliosi. Ho comprato anche un profumo: Forever Sexy. Più di così! Mi sono truccata, ho fatto i capelli, ho indossato il mio completino sexissimo. Ho preparato una cenetta romantica, messo a dormire Chloe e aspettato che tornasse. Ero certa che avrebbe pensato di essere l'uomo più fortunato del mondo.

È entrato in casa. E non si è accorto di nulla. Gli dico: «Ho comprato un nuovo profumo». «Ah sì? Certo che hai sempre un gusto terribile, odori come una sciura.»

Ho mandato giù tante volte. Ho mandato giù anche quella.

Abbiamo cenato e lui era già pronto a tornare in studio. No dai, guardiamo un film, di quelli che piacciono a te, dove esplode tutto. Ti prego. Gli faccio capire in ogni modo che ho bisogno che lui mi veda. Che mi guardi. Mi sono truccata per te, vestita per te.

Si siede sul divano. Io mi faccio avanti.

E lui no, mi dice che lo sto forzando, che non gli piace così, deciso a tavolino, che così gli passa qualsiasi voglia. E che insomma, l'ultima cosa che gli va in quel momento è fare l'amore con me.

Io e il mio completino siamo andati a dormire. E ho pensato di valere davvero pochissimo, quella sera.

L'iceberg era lì, era gigantesco. Era l'Everest di ghiaccio.

Avevo già conosciuto l'amore prima di Paolo.

Aveva gli occhi di un ragazzo a cui ho mentito al primo incontro: «Ho 21 anni». Ne avevo 16. Quando gli ho detto la verità era già troppo tardi, le nostre strade si erano annodate così nel profondo, un nodo così maledettamente ingarbugliato che ci ho messo cinque anni per scioglierlo. L'ho lasciato, Andrea, un uomo splendido, dall'animo puro. Un uomo semplice e sincero che mi amava incondizionatamente. Ma che io non avrei mai potuto amare allo stesso modo.

Avevo appena imparato a godere della mia ritrovata libertà quando tutto si è fermato e ho visto l'uomo più affascinante, intelligente, intrigante che avessi mai conosciuto. È stato come vedere una fiamma divampare. Alessandro era il fuoco. Il mio ex di Torino.

Insieme eravamo invincibili, felici, di una felicità che non avevo mai provato ma che svaniva appena ci separavamo. Lui era l'amore e la libertà insieme. Ci baciavamo sotto la luna, danzavamo in mezzo alla strada, ci addormentavamo con il sole perché la notte era da vivere. Ci svegliavamo con il sorriso. Era l'uomo della mia vita, forse però in un'altra vita. «Ci vediamo domani.» Ce lo dicevamo sempre: il gioco, durato anni, di chi vive un momento come se fosse eterno, ma non sa quante volte ancora si ripeterà. E allora dicevamo così, ci vediamo domani. Finché non gli ho detto «Ti amo» e ho deciso di non aspettarlo più. Non potevo più stare in attesa, per poter essere felice. Non ci saremmo visti più nella stessa notte.

Adesso so che non ho mai smesso di amarlo. Siamo diventati amici, ho solo fatto finta che la distanza e il tempo potessero farmi scordare lentamente cosa si prova a guardarsi negli occhi e non avere bisogno di nient'altro.

Non so se lo troverò ancora, l'amore.

Per ora non importa. Per ora ho l'unico amore che mi serve e che voglio dare. Siamo noi tre. Non credo ci sia spazio per altro. O quanto meno, non me ne preoccupo. Ho capito che non c'è molto da decidere, quando è il cuore a rispondere. Però so che, se busserà di nuovo, controllerò che sia un amore corrisposto. Condiviso. E soprattutto che non ci siano montagne di ghiaccio all'orizzonte.

Un giorno ho guardato Paolo negli occhi e gliel'ho chiesto.

«Ma tu, mi ami davvero? Perché quando si ama non ci si comporta così.»

«Hai ragione, non ti amo più.»

È bastata una domanda.

Non mi amava più da quando ero incinta di Chloe.

SOLO?

Con Chris nella pancia ci abbiamo riprovato. Non potevo non riprovarci. Non potevo lasciare il papà dei miei bambini, dovevamo essere una famiglia. In quel "dovevamo" probabilmente era già chiaro tutto. In amore non si deve.

Lo stavo costringendo a stare con me.

Mi sono fermata.

Era quello il modo di amare che volevo insegnare ai miei figli?

Stavo cercando di salvare un rapporto, volevo una famiglia a tutti i costi. Ma se qualcuno non ti ama e forse non ti ha mai amato, ne vale davvero la pena?

Domanda retorica, la risposta la sappiamo.

Non volevo insegnare a Chloe che l'amore è costringere qualcuno a stare con te.

Non potevo farlo.

È stata durissima, ma ho fatto le valigie, ho preso la mia bimba in braccio, e me ne sono andata.

Ho passato tutte le giornate della nostra relazione ad aspettarlo.

Aspettavo che tornasse dal lavoro, che finisse quello che stava facendo per poterci parlare, che si accorgesse di qualcosa che avevo fatto io. Aspettavo frasi che non sono mai arrivate. Godot in confronto è arrivato subito.

È stato un grande sollievo per me smettere di aspettare. Mi sono tolta un peso enorme. Come se qualcuno mi avesse pagato il mutuo. Mi sono sentita di nuovo libera. È stato molto bello.

È stata la psicologa ad aiutarmi a riflettere sul fatto che per anni avevo fatto tutto io, anche la sua parte, nella relazione. Facevo per me quello che avrei voluto facesse lui. Facevo in modo che mi dedicasse attenzioni orchestrando tutto, come una vera regista. E poi ero ingiustificatamente felice quando arrivava con un regalo (scelto da me) o faceva cose (che gli avevo detto io). Come fossero stati davvero pensieri suoi. Attenzioni sue.

Ma lui non mi vedeva neanche più. Una volta sono tornata a casa con i capelli grigi, praticamente bianchi, facevo la testimonial per un marchio di prodotti per capelli. NON SE NE È ACCORTO. Capelli grigi, praticamente bianchi. Come fai a non notarlo? Ero invisibile.

Una sera avevo preparato un sacco di candele a forma di cuore. Lui era in ritardo (era sempre in ritardo), quando lo chiamo mi dice: «Due minuti e sono a casa». Due minuti? Presto! Accendo tutte le candele, le lascio bruciare. Non sono due minuti. Quando arriva è praticamente tutto sciolto, addio romanticismo, benvenuto tutorial per togliere la cera dal pavimento nelle prossime dieci ore. Yeah.

Altre volte la cena romantica era riuscita. E io mi ero sempre convinta che l'avesse desiderata lui per primo.

COME NO.

Per esempio ho sempre organizzato la cena del nostro anniversario. Un ristorante che amo molto, con tante lucine. Prenotavo, gli davo appuntamento. Pensavo piacesse anche a lui, probabilmente lo viveva come un obbligo.

Il giorno in cui ci siamo lasciati era il nostro anniversario. La psicologa mi aveva consigliato di fare un tentativo: per una volta dovevo lasciar fare a lui. «Probabilmente non farà niente» mi aveva detto. E io, che non potevo accettare che andasse così, l'avevo voluto avvertire. Paolo, guarda che io non prenoto. Davvero, eh.

Ed eccoci lì, a casa, nessun ristorante. Niente di niente.

C'era il suo Facchinetti giudice a *The Voice*, quella sera. Lo aveva invitato ad andare in studio, e già che non ci era potuto andare (almeno quello non l'ha fatto) voleva che lo guardassimo in TV.

The Voice. La sera del nostro anniversario.

Non mi amava più.

Ero solo io che non lo capivo.

Di una cosa però sono felice. Ci ho provato talmente tanto che non potrò mai rimproverarmi di non averlo fatto. Ho dedicato tutte le mie energie a un rapporto che, era evidente, non poteva funzionare. Ma io ci ho provato. E non avrò mai rimpianti.

È stato come cercare di salire in piedi su un castello di carta. Come mangiare un gelato con la schiuma da barba pensando che fosse panna, stando male tutte le volte. Ma ho fatto tutto quello che potevo fare.

Poi ho preso coscienza.

Non aveva senso insistere così tanto, ora lo so, ma posso giustificare la mia perdita di tempo con la serenità di averci davvero messo tutta me stessa.

Lasciarsi è stato un bene. Soprattutto per me.

In quel momento è stato terribile, ma ora vedo tutto così chiaramente.

Con lui mi sono sempre sentita brutta. Mi truccavo per essere bella per lui, volevo che mi vedesse bella, e: «Ti trucchi troppo, sembri vecchia». Indossavo qualcosa di carino, per lui. «Quel vestito sembra una tenda.»

Faceva sempre il paragone con qualcuno meglio di me. Non si è mai accorto che anch'io valevo. Tuttora non si spiega perché ci siano persone che mi vogliono così bene. Per lui non esiste che sia un po' brava anch'io.

Non è stato facile rendermi conto che era un problema suo, non mio. Quando sei così innamorata capita di subire, purtroppo. Ma da questo ho imparato che amarsi viene prima dell'approvazione degli altri. Oggi se trovo un vestito che mi piace e tutti gli altri mi dicono che è brutto, sono ancora più felice di indossarlo. Ecco di casa e mi sento bella lo stesso. Mi sento bella, per me. Mi piace piacermi.

Mi piace vedermi di nuovo bella.

Mi piace prendermi cura di me. Tant'è che sono "like a virgin" da praticamente due anni ma non ho un pelo fuori posto. Voglio star bene con me stessa, sentirmi bella. Ho bisogno di prendermi cura di me. Mi alleno, per me. Mi trucco, per me.

E davvero, ha tutto un altro valore.

Era il suo compleanno. Dava una festa.

Mi ha detto: «Se vuoi vieni».

Io non avevo niente da fare. Non lo vedevo da un po', ormai vivevamo separati. E alla fine avevo anche voglia di vederlo. O forse solo di uscire.

Ci siamo ubriacati e abbiamo fatto Chris.

Giuro.

Una volta. Una sola volta. DI NUOVO. Un bicchiere di troppo, un lasciarsi andare troppo. E ho fatto Chris. E va benissimo, perché non potrei immaginare la mia vita senza il mio polpetta adorato. Ma capite bene che non era previsto neanche lui, men che meno con chi mi aveva appena spezzato il cuore.

Ho pensato che potevo essere incinta il giorno in cui, chiacchierando con una mia amica, ho tirato fuori l'argomento Ikea, non esattamente uno dei più gettonati dalla sottoscritta. Lei mi ha guardato e ha detto: «Oh cacchio, pensi al nido, sei incinta». Sono scoppiata a ridere. Nido? Ma quale nido, devo comprare tre mensole. E poi, incinta? Ma non scherzare.

Invece lo ero.

Ho fatto il test prima ancora della data del ciclo, da tanto mi aveva messo ansia. E soprattutto, dovendo partire il giorno dopo per una "meravigliosa" vacanza organizzata con Paolo, a casa dei suoi parenti. Non potevo volare con il dubbio. Atterrare con il dubbio. Stare là con il dubbio.

Test subito, immediatamente, all'istante: la scritta INCINTA è apparsa in due secondi (modello di stick che vince non si cambia).

Quando l'ho letta ero da sola, in bagno, di notte. In realtà volevo fare il test il giorno dopo, con le prime urine del mattino, ormoni belli concentrati, non volevo sbagliare.

Solo che mi sveglio di notte e mi scappa tantissimo. Non ricordo dove ho messo il test, inizio a cercarlo ovunque, alla fine lo trovo, me la sto quasi per fare addosso.

Lo faccio.

E mi prende un attacco di cuore. Non davvero. Come se.

Come aver sniffato del popper. Ora, non sono

così esperta di sostanze stupefacenti, ma una volta al liceo una mia compagna aveva in mano una boccetta, mi ha detto «annusa», senza dirmi cos'era. Era popper. Mi sono sentita malissimo, battito accelerato, oddio mi viene un attacco di cuore. Ecco, stessa cosa con un test positivo in mano alle quattro del mattino. Mi sdraio per terra, gambe in alto, penso "adesso muoio". Non sono morta. Non ho più chiuso occhio però.

Il viaggio in aereo del giorno dopo lo ricordo come esilarante (o disperato, dipende dai momenti).

«Paolo, dobbiamo parlare di una cosa» gli ho detto.

Non mi ha neanche fatto finire la frase. «Julia, sei incinta?» Sono scoppiata a ridere, una risata isterica che è durata almeno mezz'ora. Non riuscivo a fermarmi.

«Siamo due imbecilli» ha detto.

«Già» ho risposto.

Imbecilli. Incompatibili. Ma decisamente bravi nel fare figli bellissimi. Da amare all'infinito.

Essere una mamma single non è facile, non raccontiamocela.

Ma piangersi addosso non serve a niente. Non lo faccio mai e non lo farò mai. Ok, la vita ha deciso così per me, ora cosa posso fare per non stare qui a fissare il muro?

Mi sono scoperta capace di cose che pensavo non fosse possibile fare da sola. L'essere umano, quando non ha alternative, può essere molto creativo. Per lo meno io lo sono. Trovo soluzioni incredibili a problemi che sembrano insormontabili. E naturalmente mi adatto.

Anche nelle cose più semplici.

Devo portare giù l'immondizia? Prendo Chloe per mano, Chris nella fascia e andiamo. Non c'è problema.

La spesa? La faccio online.

C'è una soluzione per tutto. Solo che a volte è più scomodo. O stancante. Non c'è mai una pausa, neanche di cinque minuti.

Non c'è mai un "già che sei lì, mi passi".

Ci sei tu, e basta.

È come un lavoro in cui lavori sempre. Un non stop senza fine. Per quanto un lavoro possa essere estenuante, a un certo punto stacchi, torni a casa, non ci pensi. Una mamma non stacca mai.

Ma è un regalo. Ti misuri con le tue potenzialità e sai cosa scopri? Che non c'è niente che non puoi fare da sola. Che sei fortissima.

Io adoro fare la mamma. Semplicemente a volte vorrei poter mettere in pausa per qualche minuto.

Da mamma single ho il sabato per me. Mi sono imposta, mi sono impuntata. Prima qualche ora, poi un figlio alla volta, adesso il papà trascorre il sabato con loro. E io con me. Alla fine ho trovato il modo di schiacciare "pausa".

E così mi godo di più anche tutto il resto.

A volte mi chiedono quale sia la cosa più bella dell'essere mamma.

Io la risposta la so.

È quell'amore incondizionato che ci danno i nostri bambini. Quell'essere il centro di tutto, l'unica cosa che conta per loro, l'amore vero, quel modo in cui nessun altro potrà mai amarci.

Quindi non importa se a volte faccio fatica.

Quell'amore lì ripaga di tutto. Fa passare tutto.

E siccome so benissimo, tutte lo sappiamo, che

non dura per sempre, che a un certo punto diranno "Mà, hai rotto", io, signore e signori, cerco di assorbirne più che posso.

È questo che mi dà la forza di tenere duro su tutto il resto. Perché poi passa. E se volete scommettiamo oggi, che un domani mi ributterò sui miei sogni, quelli solo miei, ripensando a questi primi anni qui, ricordandone solo dei pezzetti, e sentendo nostalgia per un amore così totalizzante. E starò lì, a guardare i nostri video.

Di materiale penso ne avrò in abbondanza.

Le mamme al secondo figlio le riconosci subito.

Sono quelle che guardano le neomamme con occhi pieni di tenerezza. Allo stesso modo è facile individuare le mamme al primo giro. Nei loro occhi, però, c'è il terrore quando guardano le mamme di due (o più) figli.

Da neomamma di Chloe, quando vedevo qualcuno che lasciava mangiare patatine fritte ai suoi figli rabbrividivo. Pensavo davvero che fossero brutte persone. Ma come si fa a dare quella roba a un bambino, dai? Non si può! IO NON LO FARÒ MAI.

Ah, ah. Le mamme dei neonati non sanno NULLA delle mamme dei bambini.

Cambia tutto al secondo giro. Al primo, quando rimani incinta, sei inconsapevole. Non hai idea di che cosa succederà. È come quel video virale in cui dei ragazzi bendano l'amico e gli dicono che stanno andando a fare bungee jumping, e alla fine lui si lancia, ma sotto c'è solo una piscinetta gonfiabile. Tu, quando sei incinta, sei convinta di essere sull'aereo, pronta al lancio. Dentro di te hai interiorizzato l'immagine della maternità delle pubblicità anni 90: nove mesi su una sedia a dondolo, famiglia felice in una casa dai colori pastello, tuo marito sorride, sorridi anche tu. Poi ti lanci e c'è la piscinetta.

Chloe non era ancora nata e aveva un guardaroba che Paris Hilton avrebbe potuto farle le pulizie in casa. Avevo preso la collezione completa di un intero negozio, le commesse ridevano in effetti. È il primo figlio? Venga, venga.

Centocinquanta tutine, per le prime due settimane di vita. Taglia 0.

Una settimana dopo la nascita non le andava più bene niente. Ed ero anche stupita. Ho scoperto a mie spese (letteralmente) che non si faceva così.

Per Chloe ho comprato di tutto. Una sdraietta che vibrava e faceva i suoni della natura (che la facevano piangere), una giostrina telecomandata sincronizzabile con il cellulare e che si accendeva col timer (di quegli spaventi!), uno sterilizzatore che sterilizzava anche l'aria, ogni tipo di gioco e una marea di oggetti completamente inutili. E tendenzialmente molto costosi.

Top di gamma, la mia adorata bambina non doveva avere cose di serie B.

Tutto di una taglia sola.
Tutto biologico.
Tutto perfetto.

Quando ti nasce il secondo figlio è già tanto se ti ricordi di portare una tutina in ospedale. E se è di un sesso diverso dal primo, stai sicura che finirà comunque presto con qualcosa di riciclato addosso, rosa se è maschio, azzurro se è femmina.

Non sterilizzerai più nulla. Ci soffierai sopra al grido di «Tutti anticorpi». E cambierai passeggino, quasi per certo.

Dopo una lunga ricerca su internet, per Chloe avevo comprato la Ferrari dei passeggini. Il modello delle star. Sarei andata al parchetto con il non plus ultra dei quattro ruote. Una marca svedese, costosissima (serve dirlo?). Venduta solo ed esclusivamente da un rivenditore. A 40 chilometri da casa. Paolo, prendi la macchina e andiamo.

Era bellissimo. Con ruote grandissime, per andare ovunque. Peccato non entrasse in ascensore.

Per usare quel passeggino avrei dovuto cambiare casa e macchina. O comprare un monolocale solo per lui.

Oggi lo so che l'acquisto di un passeggino deve essere dettato da poche ed essenziali domande. Allora non lo sapevo. Devi chiedere come si chiude. Se la risposta è "con 4 mani e una parola magica", cambia modello. Quanto pesa? Se lo può sollevare solo tuo zio Ettore, cambia modello. Di che colore c'è? Se è solo grigio perla, cambia modello.

Scopri tutto dopo, prima ci devi passare. O avere amiche fidate esperte. Non le avevo.

Quando ti nasce il secondo figlio quindi sai moltissime cose in più. E ti viene quasi voglia di chiamare tutte le neomamme del pianeta per spiegare che ce la faranno anche loro, che anche se non comprano l'umidificatore più costoso di tutta Mediaworld, saranno brave mamme lo stesso. Che non avranno più bisogno di chiamare il pediatra a ogni sospiro, che la febbre di solito passa, che non serve andare in panico per tutto. Oddio dottore, mi sembra che muova la testa più a destra che a sinistra! «Ok, Julia, ma tu da che parte sei rispetto a Chloe?» A destra. Ecco.

Non è solo questione di esperienza. Acquisti consapevolezza, certo. Ma sei anche più rilassata. Più in grado di gestire lo stress. Sai che se ha qualche linea di febbre è tutto ok, anche se il pediatra ti dice di andare in ospedale perché sotto i tre mesi non è ok. Tu lo sai, all'ospedale ci vai, ma quando ti rimandano a casa perché è tutto sotto controllo, sorridi del tuo aver mantenuto la calma e impari a fidarti del tuo istinto di mamma. Quello che ti fa andare in allerta quando tutti gli altri sono tranquilli (e alla fine hai ragione tu) o che ti fa stare tranquilla quando tutti gli altri sono agitati (e alla fine hai ragione tu).

Prima che nascesse Chris ero sicura di cosa avrei provato per lui. Ero certa, certissima, che avrei amato di più Chloe, che non avrei mai potuto amarlo come lei. Pensavo a mia mamma con mio fratello ed era solo la conferma dei miei pensieri: mai stata cagata, perché ero la seconda. Povero Chris.

Invece è stato tutto molto più semplice. È nato. L'ho amato tantissimo. L'ho amato uguale.

Semplicemente lasciandolo più libero di essere un bambino, senza il mio fiato sul collo 24 ore su 24.

È caduto di più. Si è sporcato di più. Ha aspettato di più.

E ha pianto di più.

Ecco, la differenza più grande tra il primo e il secondo figlio sono le lacrime.

Il primo non fa in tempo a dire "A" ed è già in braccio. Il secondo fa il doppio giro dell'alfabeto, perché prima che tu possa prenderlo, cambiarlo, sfamarlo, probabilmente devi:

finire la costruzione di Lego

finire di dare da mangiare a lei

aspettare che finisca di fare la cacca
lavarla
cambiarla
coccolarla
metterle un cerotto
darle da bere
darle un cracker
giocare a facciamo che eri
andare subito in camera perché è importantissimo
finire di leggerle una storia
stare con lei, perché se no vuoi più bene a lui.

I secondi piangono. I secondi aspettano.

E chi ha un solo figlio non capisce quanto può essere faticoso amare e dare le stesse attenzioni a tutti e due. E la fatica fisica che si fa.

Ma è così bello vedere quanto si vogliono bene (e così sano che io non sia più concentrata solo ed esclusivamente su Chloe in quel modo quasi morboso) che non rinuncerei mai a questa stanchezza atavica e quasi mortale.

Ci sono momenti di crescita, di crisi, momenti in cui si ha bisogno anche solo di un confronto, e io credo fermamente nell'aiuto che può dare una psicologa dell'età evolutiva.

Questa figura dovrebbe essere a disposizione di qualsiasi famiglia. Soprattutto quando un papà e una mamma si lasciano.

Avevo il terrore che la nostra separazione potesse segnare in qualche modo la mia piccola principessa bionda. Mi sono affidata a una psicologa specializzata e abbiamo iniziato un percorso, noi tre insieme: io, Paolo, Chloe. Ho messo la sua serenità davanti a tutto. Ho mandato giù, deglutendo forte, le parole di guerra che volevo sputare. Non ho preteso nulla, ho solo cercato di fare quello che per lei era meglio. Averci in pace per lei era meglio.

Le cose non dette sono quelle che i bambini ingigantiscono di più. Si pensa di tutelarli fingendo, nascondendo la realtà, e invece è proprio in quello che non viene verbalizzato che si nascondono le loro paure. Se la mamma ne parla allora forse non è così grave come lo sto immaginando io. Questo hanno nella loro testa. Loro percepiscono tutto e il non detto è qualcosa di gigantesco.

Abbiamo esplicitato, abbiamo parlato. L'abbiamo tranquillizzata dicendole sempre tutto.

Anche quello che non avrei mai pensato di dire, per paura di ferirla, se non mi avesse indirizzato la psicologa. Lei me lo aveva detto subito: «Ora è dura, ora è arrabbiata, ma vedrai che se faremo questo percorso, in poco tempo sarà serenissima».

Chloe è serenissima, aveva ragione lei.

E non mi piace dire che ci ha aiutato la psicologa solo perché non tutti possono permettersela. E invece tutte le famiglie avrebbero il diritto di poter chiedere aiuto. In tanti hanno bisogno di sostegno. Dovrebbe essere gratuito. E non dovrebbe essere un tabù.

Chissà quanti passi sbagliati avrei fatto, in questo percorso, senza il giusto supporto. Quante cose non avrei detto, pensando di tutelarla.

Chloe sta bene.

Chris sta bene.

Io sto bene.

È solo questo che conta.

Gioco spesso a raccontare le altre mamme.

Ne ho incontrate di ogni tipo da quando lo sono anche io. Da quella iperprotettiva a quella che a 45 anni fa il primo figlio. Da quella che pulisce il sangue soffiandoci sopra, che "su, non è successo nulla", a quella che va in giro con le salviette antibatteriche. Siamo adorabili, tutte. Insopportabili, anche.

Non si può giudicare una mamma.

Questa dovrebbe essere l'unica regola nel nostro mondo fatto di social e connessioni. Tutte pronte, sempre, a puntare il dito, ma la grande e unica verità è che cerchiamo solo di fare il nostro meglio.

Non ci credo che una mamma non fa quello che fa pensando al bene del suo bambino. A me piacerebbe essere una mamma ecochic, mi sento una mamma ecochic. Poi urlo come fossi Jack Lo Squartatore. Sono lì, nel mezzo. So cosa vorrei. La teoria la so tutta.

Che mamma sei? Mi chiedono.

Ecco, quando una mamma si sente fare questa domanda, non ti dirà mai che mamma è davvero, ti racconterà sempre che mamma vorrebbe essere.

La mamma ecochic è quella che usa solo cose lavabili, riciclabili, ecologiche. Che mangia e fa mangiare solo cibo sano. Che non usa prodotti testati sugli animali. Che sa tutto sull'educazione dolce, e soprattutto la applica. E dicesi educazione dolce quella che, se anche tuo figlio ti sta insultando con un coltello in mano, tu lo prendi tra le braccia e gli chiedi "tesoro mio che cosa c'è? Parliamone, qual è il tuo disagio?".

Vorrei esserlo. Un po' lo sono, una metà di me è molto ecochic. L'altra metà è Freddie Krueger.

Cerco di mediare facendo quello che è umanamente possibile per una mamma da sola con due bambini, i virus, i traslochi, gli eventi atmosferici.

Sono una brava mamma, sì, penso di esserlo. Già il fatto che i miei figli siano entrambi vivi mi sembra un grande risultato, no?

La verità è che siamo tutte delle brave mamme. Anche quelle che fanno ciò che per me è sbagliato. Io posso essere contraria alla sculacciata al bambino come metodo per educarlo, ma ho il diritto di dire che chi lo fa sbaglia? Se lo fa è perché pensa che sia il modo migliore. Noi mamme vogliamo solo il meglio. E se a dieci mesi stai dando a tuo figlio Coca-Cola e würstel io rabbrividisco, ma non ti giudico. Magari sei cresciuta così, in Germania, cosa posso saperne?

È talmente difficile per tutte: come si fa a criticare?

Io sono talmente incasinata e complicata che non posso giudicare nessuno.

Siamo tutte persone. Anche i bambini sono persone. E ognuno di noi ha bisogno di cose diverse. Non ci sono regole valide per tutti.

Io sono certa di fare il mio meglio per i miei figli. Non vuol dire giusto.

Detto questo, se il padre li porta da McDonald's lo uccido.

Se avessi saputo quanto è difficile, non l'avrei mai fatto.

Ma nessuno ti dice che basta un loro sguardo, anche solo per un istante, per non saper mai più vivere senza. Che non sarai mai più così stanca, ma nemmeno così felice.

E che ti sembrerà di aver vissuto tutta la vita in bianco e nero, finché qualcuno non avrà portato il caos e un miliardo di colori.

C'è lei che cambia le parole di tutte le canzoni, ride quando le lavo i denti perché dice che lo spazzolino le fa il solletico. Mangia solo il gelato con il cono, ma il cono non lo mangia mai. È quella che dice "azione" quando giriamo i video e "mi abbracci?" quando andiamo a letto. È quella che a «Chloe, cosa vorresti per il tuo compleanno?» risponde: «I miei amici». Quella che assaggia tutto quando cuciniamo, anche le zucchine crude. Che sa i libri a memoria, che anticipa le battute. È il sorriso con cui mi sveglio tutte le mattine, insieme a quello di suo fratello, che è il bambino buono, quello che ride sempre, quello che va tutto bene. Quello che si aggrappa alla mia mano come se non la volesse più lasciare, che mi guarda come se esistessi solo io. Che ha riempito il mio cuore dove pensavo non ci fosse più spazio.

Diventate grandi così in fretta che il tempo sembra scivolarmi tra le mani.

Avete reso la mia vita meravigliosa: se mi avessero detto che si può essere così felici dormendo tre ore a notte e svegliandosi regolarmente ogni due, non ci avrei mai creduto.

Però che prima o poi dormirò ancora lo voglio credere.

Mia madre dice che dovrei essere più pragmatica, che dovrei tenere i piedi ben ancorati a terra. Mia figlia mi insegna a volare, chiudi gli occhi mamma, facciamo finta di essere due farfalle. Il padre dei miei figli non dice nulla, ha smesso di dirmi come dovrei essere tempo fa. Mio fratello dice che sono la solita, solo perché ha smesso di ascoltarmi da anni e non si è mai chiesto se sono ancora come ricorda lui. I miei amici dicono che sono forte, coraggiosa, altruista, che non ho bisogno di nessuno. Abbastanza da farmi credere che sia vero. E gli altri? Gli altri pensano quello che vogliono, sono come il vento, la loro opinione non ha un punto di partenza, né di arrivo. E non si appoggia quasi su nulla.

Ma io? Chi sono io?

Sono l'insieme di tutto e la metà di niente, sono quello che dite e anche tutto il contrario. Sono talmente tante cose che non ha senso contarle, catalogarle, etichettarle. Sulla mia pagina Facebook c'è ancora scritto "Julia Elle cantante", penso che non lo cambierò mai. Per principio. Arrivo da lì, quella pagina era la mia pagina da musicista. Tengo quel pezzo di me, perché io sono ancora quella cosa lì, la musica è ancora una grandissima parte di me, non è un capitolo chiuso. E lo riaprirò. Ma oggi, oggi sono semplicemente io. Che ricomincio da me, da noi tre. Felice. Pronta a ricostruirmi. Mi sono già ricostruita. E la casa nuova era l'ultimo pezzo che mancava.

«Sei giovane, hai 29 anni, dovresti lasciarli, i tuoi figli, farti qualche vacanza da sola, dovresti goderti di più la vita senza di loro.» Ho sentito queste frasi un miliardo di volte. Ma io voglio stare con loro, non voglio andare in vacanza da sola. Avrò un sacco di tempo per farlo quando saranno grandi e avranno i loro amici, i loro impegni, e avranno smesso di guardarmi con i loro occhi innamorati. Allora non avranno più bisogno di me, non mi terranno più per mano, dovrò elemosinare un abbraccio ogni tanto e accontentarmi dei loro ritagli di tempo.

Oggi il centro del loro mondo sono io, e anche se sono stanca morta, dura così poco che voglio vivere ogni istante. Voglio smettere di fare quello che sto facendo per guardare un disegno e farmi raccontare una storia. Voglio perdere mezz'ora in più alla sera, perché mentre ci mettiamo il pigiama ci facciamo il solletico. Voglio interrompere una telefonata perché «guarda, mamma, che bell'uccellino». Ho solo qualche anno per viverli da bambini, tutto il resto può aspettare.

Arriverà il giorno in cui nessuno mi seguirà più in bagno, in cui ricomincerò a dire frasi senza essere interrotta, non inciamperò più nei Lego, potrò farmi la doccia quando mi pare e, soprattutto, nessuno mi sveglierà più di notte.

E sarà allora che tutto questo, io lo so, mi mancherà da morire.

Ringraziamenti

Questo libro lo dedico a tutte le donne che la sera guardano i loro figli mentre dormono, dimenticandosi per un attimo dell'immensa fatica, perdendosi nell'amore più inspiegabile e sincero del mondo. A quelle che ogni giorno sono pronte a ricominciare, che non hanno il tempo di spazzolarsi i capelli, che si sono sentite sbagliate, giudicate, incomprese, sole anche solo per un istante. A tutte quelle donne che sono pronte a cambiare il mondo per veder sorridere i propri bambini, che hanno dovuto cambiare la loro vita, ma non tornerebbero mai indietro, e che nel caos hanno trovato la felicità.

Vorrei ringraziare tutte voi, perché insieme abbiamo lanciato un messaggio al mondo, abbiamo raggiunto tantissime persone.

Grazie a chi mi ringrazia ogni giorno per avergli strappato un sorriso o avergli fatto scendere una lacrima. Grazie per le vostre parole, per il vostro affetto, per la vostra fiducia.

Grazie a chi non c'è stato. Mi ha resa una donna forte e indipendente.

A chi non ha creduto in me. Mi ha dato il coraggio di fallire e ricominciare.

A chi mi ha tenuta per mano solo per un pezzo del mio cammino. Mi ha insegnato che "per sempre" può essere anche solo un istante.

Grazie ai ragazzini che mi umiliavano e mi bullizzavano a scuola: mi avete insegnato che ridere di chi vuole farti piangere è un'arma molto più potente della cattiveria.

Grazie ai professori che per anni mi hanno fatta sentire inadeguata. Ero solo un cagnolino a cui chiedevate di arrampicarsi su un albero come se fosse una scimmia. Mi avete insegnato che se sei un cane e passi la vita a convincerti di essere una scimmia, sarai solo un cane infelice. (Non chiedetemi come mi è venuta questa metafora, del resto ho scritto questo libro di notte mentre i miei figli dormono.)

E infine, ma solo perché *dulcis in fundo*, grazie a Chloe e Chris. Rendete ogni attimo della mia vita un meraviglioso, indimenticabile groviglio di emozioni.

Mondadori Libri S.p.A.

Questo volume è stato stampato
presso ELCOGRAF S.p.A.
Stabilimento - Cles (TN)

Stampato in Italia - Printed in Italy